모던 뮤트
스토리

The Suit: Form, Function and Style
by Christopher Breward
was first published by Reaktion Books, London, UK, 2016

옷을 입은 남자

크리스토퍼 브루어드 지음 · 전경훈 옮김

단순한 아름다움이 재단한 남성복 400년의 역사

시대의창

단순한 아름다움이 재단한 남성복 400년의 역사
모던 슈트 스토리

초판 1쇄 2018년 11월 1일 발행

지은이 크리스토퍼 브루어드
옮긴이 전경훈
펴낸이 김성실
책임편집 박성훈
교정교열 고혜숙
디자인 채은아
제작처 한영문화사

펴낸곳 시대의창   **등록** 제10−1756호(1999. 5. 11)
주소 03985 서울시 마포구 연희로 19−1
전화 02)335−6121   **팩스** 02)325−5607
전자우편 sidaebooks@daum.net
페이스북 www.facebook.com/sidaebooks
트위터 @sidaebooks

ISBN 978−89−5940−675−3 (03900)

이 도서의 국립중앙도서관 출판시도서목록(CIP)은
서지정보유통지원시스템 홈페이지(http://seoji.nl.go.kr)와
국가자료공동목록시스템(http://www.nl.go.kr/kolisnet)에서 이용하실 수 있습니다.
(CIP제어번호: CIP2018032559)

일러두기

* 외래어는 국립국어원의 외래어표기법에 따라 표기했으나, 일부 패션 용어는 널리
  통용하는 표기법에 따라 표기했습니다.
* 옮긴이 주는 괄호 속에 '*' 기호를 달아 표기했습니다.

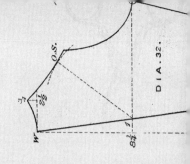

차례

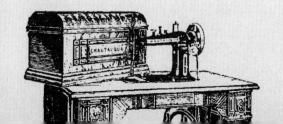

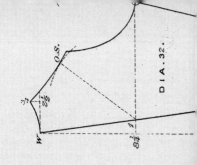

4 슈트를 바라보는 시선

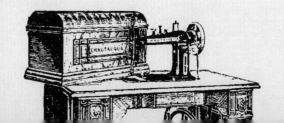

제임스를 위하여

초현실주의 예술의 후원자이며 수집가였던 에드워드 제임스Edward James를 위해 1937년 영국 래
드포드앤존스Radford & Jones에서 제작한, 가는 세로 줄무늬의 더블브레스트double breasted 스리피
스 슈트.

머리말: 테일러의 예술

혼히 신사복이라고 부르는 남성 슈트suit는 오랫동안 별다른 관심을 끌지 못했으나, 현재까지 이어온 현대 문명의 상징들 가운데 하나인 것만은 틀림없다. 거의 400년 동안 여러 예술가, 철학자, 비평가 들은 끊임없이 변화하면서도 멈추지 않고 완벽성을 추구하는 인간 활동의 증거로 슈트를 제시해왔다. 슈트는 그 목적에 맞는 적합성과 매끈한 우아함 그리고 사회적 품위 덕분에 진화론과 민주적 이상향을 물질로 실현한 완벽한 표본이 되었다. 섬세하게 제작된 맞춤 슈트 한 벌은 애호가들 사이에서 거룩한 성물聖物로 여겨질 정도였다. 오스트리아 빈의 건축가로서 모더니즘의 아버지라 불린 아돌프 로스Adolf Loos(*1870~1933, 세기말 사조의 화려한 장식적 요소에 반대해 매끈하고 간결한 표면을 강조하는 새로운 근대 건축 미학 형성에 크게 기여했다)도 이런 애호가였다. 때로 패션 저널리스트로 활동한 그는 1900년을 전후로 영향력 있는 일련의 짧은 기사들을 게재하여 당시 신사들이 입던 맞춤옷과 일상의 소품들을 진보적 디자인의 전형으로 제시했다. 남성용 모자, 구두, 속옷 그리고 액세서리를 면밀히 검토한 로스는 이것들이 '저속한' 산업 분야(여성복)와 국민(독일인)이 만들어내는 열등한 결과물과 경쟁해 이길 수 있는 특징들을 찾아냈다. 로스에게 남성 슈트는 개명開明된 실존을 구성하는 근본 요소였고, 마르크-앙투안 로지에Marc-Antoine Laugier(1713~1769)가 고전적인 고대 신전神殿의 모델이라고 주장하는 선사시대의 오두막¹(*최초의 건축 이론가라고 할 수 있는 로지에는 자연 상태의 인간이 처음으로 만들어낸 건축물의 원형으로서 원시적 오두막을 제시하고, 이로부터 이상적인 건축물의 전형을 이론화하고자 했다)보다 오래된 기원을 지닌 문명의 기표였다. 슈트는 마치 우월한 지위에서 얻는 이익과 그에 결부된 책임을 인간에게 상기시키려고 존재해온 것처럼 보일 정도였다.

나는 내 옷을 찬양할 따름이다. 내가 입은 옷들은 실제로 인류가 입은 최초의 의복이다. 내 옷의 재료들은 '유령 사냥'을 이끌던 북유럽 신화의 최고신 오딘Wodin이 입던 망토의 재료와 같다…. 이는 인류 태곳적 의복… 지구상의 어떠한 시대와 지역에도 구애받지 않고, 시절과 풍경에 어떤 이질적인 분위기도 더하지 않으면서 극빈자의 벌거벗은 몸을 덮어줄 수 있으며… 늘 우리와 함께해왔다…. 이는 정신이 부유한 이들의 의상이며 자립적인 이들의 복장이다. 튀는 색이나 깃털 장식 또는 복잡하고 정교한 스타일로는 표현할 수 없을 만큼 강한 개성을 지닌 이들의 옷이다. 공단貢緞 프록frock으로 그의 개성을 표현하려는 화가에게 화禍가 닥치기를! 그 안에 있는 예술가는 이미 절망 속에 물러났으니.²

한 세기 전 문학적이고 예술적이었던 오스트리아 빈에서의 의복에 대한 진심 어린 통찰은, 유명 인사와 패션 브랜드에만 초점을 맞추는 21세기 초 패션 담론의 피상적인 관심들과는 거리가 먼 지적 맥락에서 이루어진 것이었다. 사람들이 의복을 제작하고 판매하고 홍보하고 착용하는 사회적, 경제적, 공간적 환경 또한 수많은 방식으로 변화하고 발전했다. 그러나 슈트는 로스가 착용하고 이해한 그대로 현재까지 이어져왔다. 일상복이자 정장이며 예복이기도 한 슈트의 형태는 거의 변하지 않은 채 유지되어왔다는 말이다. 근무시간이나 여가 활동 또는 예식에서 입는 의복으로서 슈트는 명백히 생명을 다했다고 떠들어댔지만 정치인에서 부동산 중개인까지, 은행원에서 유대교 랍비들까지, 법정에 선 피고인에서 결혼식장의 신랑까지 사회 각계각층 남성 및 여성의 신체를 여전히 감싸고 있는 것은, 눈에 띄지 않으면서도 어디에서나 볼 수 있는 슈트의 실루엣이다.

이 책에서는 슈트가 근대와 현대의 문화들cultures(*저자는 한 시대와 장소에도 다양한 문화가 존재한다는 의미에서 지속적으로 복수형을 쓰고 있다)에 끼친 전반적인 영향을 추적하면서, 아돌프 로스와 같은 인물이 자신의 옷에 대해 품었던 믿음을 정당하게 평가하고자 한다. 그리고 어떻게 해서 슈트의 간단한 해법들이 등장했는지, 슈트가 본래 지니고 있던 의미들이 어떻게 지속되어왔는지, 또 단순히 옷감과 가위와 실의 만남이라는 기본적 의미를 넘어 더 큰 진실을 드러내는 상징으로서 슈트가 어떻게 변해왔는지 보여주고자 한다. 그러자면 우선 가장 기초가 되는 슈트의 형태에 대한 이야기부터 시작해야겠다.

모더니즘 건축의 아버지이며, 맞춤 슈트의 옹호자였던 아돌프 로스(1904).

옷감이 슈트의 매력을 결정짓는다

맞춤옷bespoke(장인이 개별적으로 고객의 신체 치수를 정확히 잰 뒤 손으로 지은 옷)이든 기성복ready-to-wear(미리 정해진 치수에 따라 대체로 멀리 떨어진 공장에서 수공이나 기계로 대량생산한 옷)이든 슈트는 기본적으로 투피스 또는 스리피스로 구성된다. 일반적으로 정교한 모직 옷감이나, 무명 또는 말총, 면화(또는 합성 면화)를 섞어 넣은 모직 혼방 옷감을 사용하여 제작된다. 그리고 형태 유지를 위해 심이 들어가고, 비단이나 비스코스viscose(*인견 등의 원료가 되는 셀룰로오스) 소재의 안감이 달려 있다. 옷감은 슈트의 매력을 결정짓는 핵심 역할을 하며, 슈트의 질을 나타내는 중요한 요소가 된다. 긴 양털을 꼬아서 짠 매끈한 옷감인 우스티드worsted에는 부드러운 색스니Saxony와 거친 체비엇Cheviot(*색스니와 체비엇은 양모 생산지에 따라 이름이 붙은 모직물이다)이 있고, 양모나 명주를 섞어 짠 고급 옷감인 표준 바라시어standard barathea, 군복 등에 쓰이는 베드포드 코드Bedford cord, 촘촘하고 광택이 나는 브로드클로스broadcloth(*보통 양복지라고 불리는 광폭의 남성복 원단을 말한다), 주로 운동복에 쓰이는 캐벌리 트윌cavalry twill, 일상복에 쓰이는 코듀로이corduroy, 촉감이 부드러운 플란넬flannel, 질긴 모직물인 서지serge, 표면이 거칠고 두꺼운 트위드tweed와 올이 굵고 성긴 모직물인 홈스펀homespun, 맵시 있는 벨벳velvet으로 나뉜다. 어떤 옷감을 고르느냐에 따라 슈트의 색상, 질감, 매무새는 물론이고 슈트를 다루는 방식이나 수명이 달라진다. 슈트의 다른 세부 사항을 결정할 때에도 옷감의 종류를 가장 먼저 고려해야 한다. 그리고 평직平織이나 파나마Panama, 홉색hopsack 또는 셀틱Celtic, 사능직diagonal, 마요Mayo, 캠벨Campbell 또는 러시안 트윌Russian twill, 배넉번Bannockburn 또는 페퍼앤솔트pepper and salt, 핀헤드pinhead, 버즈아이birdseye, 이튼 스트라이프Eton stripe, 발리콘barleycorn, 헤링본herringbone, 도그투스dogtooth, 글레너카트Glenurquhart 또는 웨일스 공☆ 체크, 핀스트라이프pin stripe 또는 초크스트라이프chalk stripe 등 직조 방식에 따라 달라지는 옷감의 무늬는 슈트를 입는 고객의 특성을 드러내는 핵심 요소가 된다.[3]

슈트는 보통 긴 바지와 긴 소매 재킷으로 구성되고, 재킷은 단추로 앞을 채울 수 있는 형태에 라펠lapel과 주머니가 달려 있다. 그리고 (스리피스 슈트일 경우) 웨이스트코트waistcoat라고도 하는, 민소매 베스트vest를 재킷 안에 받쳐 입는다.

슈트는 외관이 단순해 보이지만 구조는 매우 복잡하다. 구조를 알고 나면 더 이상 슈트가 단순해 보이지만은 않을 것이다. 영국 정부의 무역산업부에서 기성복 슈트 생산업체들을 대상으로 최근 실시한 비교 조사에는 이러한 사실이 잘 드러나 있다.

테일러드 재킷tailored jacket 은 복잡한 구조로 되어 있다. 한 벌의 재킷에는 40개에서 50개에 달하는 구성 요소가 들어 있으며… 재킷 한 벌을 생산하려면 75개의 독립된 공정을 거쳐

여러 트위드 옷감. 런던 새빌 로Savile Row 앤더슨앤셰퍼드Anderson & Sheppard(2010)

야 한다. 생산과정의 첫 단계는 '마름질'이다. 옷감 위에 양복에 들어갈 구성 요소들을 그 모양대로 본을 떠서… 잘라내는 것이다…. 생산과정이 연속적으로 진행되는 원리는 자동차 생산과정과 비슷하다. 다양한 하위 부품들을 먼저 만든 다음 이들을 모아서 상위 부품들을 만들고, 다시 이들을 합해 차츰 완제품을 만들어간다. 재킷 앞판을 만드는 동안 뒤판, 주머니, 칼라, 소매, 소매 안감, 안감과 겉감 사이에 넣는 심 같은 작은 부품들도 나란히 함께 제작한다. 그리고 앞판에 주머니를 달고 심을 넣은 다음, 뒤판을 앞판과 연결하고 칼라를 단다. 이렇게 재킷의 몸체가 완성되면 안감을 미리 달아놓은 소매를 연결한다. 그리고 단춧구멍을 내고 단추를 단다…. 완성된 재킷은 각기 다른 형틀의 프레스 기계를 이용한 톱 프레싱 top pressing(*열과 압력을 이용해 완성된 옷의 형태를 잡아주는 작업)을 거친다.[4]

그러나 이 보고서에서 재킷 생산과정을 자동화된 자동차 생산과정과 비교한 부분은 오해를 불러일으킬 소지가 있다. 보고서 작성자들의 설명에서 볼 수 있듯이, 슈트는 그 본성상 개별 제품의 스타일이 지닌 특이 사항에 주의를 기울여 제작해야 하므로 생산과정 전체를 기계화한다는 것은 불가능하기 때문이다.

선호되는 방식은 '일괄 진행' 시스템이다. 이 시스템에서는 슈트를 만드는 데 필요한 모든 부속들을 관련된 것끼리 묶어 조립한 다음 공정에 따라 차례대로 합체한다. 직공들은 슈트의 각 부분에 따라 나뉜 작업조에 배속되어 일하며, 작업은 한 작업조에서 다음 작업조로 전달된다. 이 시스템은 슈트의 종류에 따라 변수가 생기거나 직공들이 연수나 결근으로 빠지는 경우에도 대처할 수 있는 유연성이 있다.[5]

널리 인정받고 훌륭하게 체계화된 시스템에서 생산되는 현대 기성복 슈트는 20세기 전반에 걸쳐 대중 시장의 개척자들과 국제적인 브랜드들에 의해 더욱 세련되게 대중적으로 개량되어 오늘날 대다수 사람들의 옷장을 채우고 있다. 여전히 전통 방식에 따라 생산되는 맞춤 슈트는 서구에선 소수의 엘리트 계층만을 위한 것이 되었지만, 아시아를 비롯한 여타 지역의 개발도상국가에는 더욱 폭넓은 수요층이 있다. 맞춤옷이든 기성복이든 모든 슈트는 상당히 표준화되어, 흔한 생활필수품처럼 일반적으로 용인된 기준을 따르기 때문에 고루해 보일 만큼 형태가 단조롭다. 그러나 과거에도 늘 그랬던 것만은 아니다. (반드시 옷감까지 똑같이 맞출 필요는 없어도 동시에 갖춰 입는 의복 일체라는 뜻에서) '슈트'라는 복장이 14세기 유럽의 여러 도시와 왕실에 처음 등장할 당시에는 테일러tailor (*재단뿐 아니라 슈트 제작 전반을 관리하고 실행하는 사람이라는 점에서 재단사라 하지 않고 테일러라는 단어를 그대로 쓴다. 테일러링tailoring 역시 슈트 제작 전반을 관리하는 테일러의 작업 전체라는 의미에서 그대로 쓴다)와 장인의 기술 그리고 고객 개인의 취향과 욕구가 좀 더 복잡 미묘하게 타협하면서 슈트를 구성하는 경우가 더 많았다. 슈트가 변화할 수 있는 가능성의 폭이 무궁무진했던 셈이다.

16세기와 17세기 초에 런던 및 여타 지역의 귀족들과 그들에게 의복을 조달하던 대리인들 사이에 오간 편지나, 의복에 관한 이른 시기의 자전적 이야기 가운데 오늘날까지 전해지는 것들을 읽어보면 가격, 원단의 질, 재단 및 재봉에 관한 세부 지침, 색상과 유행, 겸양과 공손 등 훨씬 더 전문화된 오늘날 의류업계에서도 고민하는 복잡다단한 모든 사항이 고스란히 드러나 있다. '슈트' 일체를 주문하고 생산하는 일에는 직물 상인, 테일러, 단추 장인, 단춧구멍 장인, 자수 장인 등등 여러 상인과 장인 사이의 거래가 수반되었다.[6]

16세기 말에 이르면 이 모든 과정에서 테일러의 고유한 역할이 급격하게 달라진다. 당시 유럽에서는 상호 경쟁적인 동업조합들이 강력한 길드 시스템에서 (울과 실크를 취급하는 부유하고 영향력 있는 업자들이 지배하고 있기는 했으나) 우위를 차지하기 위해 서로 싸우고 있었다. 피렌체와 베네치아에서는 1570년대와 1580년대까지도 의복의 최신 유행을 창조하는 데서 테일러의 역할은 거의 무시되다시피 했다. 당시 베네치아의 업종 안내서에는 다음과 같은 내용이 실려 있다.

옷을 만드는 일은 천을 잘라서 사람 몸에 걸친 다음 남는 부분

앤더슨앤셰퍼드 양복점. 런던 새빌 로에 있는 전통적인 양복점이다(2010).

을 잘라내는 일에 지나지 않으며, 바로 그것이 의복을 재단하는 방법이다. 그런 뒤엔 누구든 장식을 더할 수 있으므로 테일러는 언제나 고객들이 요구하는 바를 알아내 실행할 뿐 그 이상의 일은 하지 않는다.[7]

패션의 본질에 대한 생각이 변하다

그러나 테일러의 직업적 독립성과 상업적 영향력이 확장되면서 상황이 변했다. 이전에는 테일러가 고객에게서 완성될 의복의 형태에 대한 자세한 요구 사항과 함께 옷감까지 받아와서 작업했다. 하지만 이제는 옷감을 비롯한 여타 재료들을 직접 고르고 구매하여 작업할 수 있는 권리를 갖게 되었다. 또한 옷감의 재단, 형태, 장식에 관련된 기술이 발전하면서 소매나 외투를 만들고 마무리 짓는 다양한 방식들을 기록하고 설명한 작업용 그림책들이 제작되었으며, 테일러를 위한 다양한 패턴북pattern book(*여러 옷본이 게재된 일종의 카탈로그를 말한다)이 출판되어 활발히 유통되었다. 17세기 초에 이르러 기업가적 수완과 창의적 기량이 더욱 향상되면서, 테일러는 변덕스러운 유행을 단순히 좇지 않고 새로운 유행을 호령하는 지위에까지 올랐다.[8]

슈트 생산자들의 직업적인 자신감이 커진 데에 대한 이러한 해석과 더불어 고려해야 할 것은 당시 남성복 소비자들과 비평가들 사이에서 패션의 본질에 대한 생각이 변화했다는 사실이다. 남성복 역사에 대한 학술적 연구서들을 읽어보면 정치와 복식服飾의 관계를 도출하는 경우가 많다. 1930년 존 칼 플뤼겔John Carl Flügel(*1884~1955, 영국의 실험심리학자이자 정신분석의)은 18세기 후반 남성들의 취향에서 과시적인 '공작새' 패션이 폐기된 것을 '위대한 남성적 금욕'이라 부르고, 산업화와 민주화에 따른 결과로 설명했다. 진중한 시대가 절제된 복식을 요구했던 것이다. 최근에는 사회사 학자인 데이비드 커치타David Kuchta가 훨씬 더 이른 시기인 17세기 중반 프랑스와 영국의 왕실 궁정에서 남성복의 단순화가

진행되었음을 규명했다.[9] 커치타의 의견에 따르면, 남성복이 단순해진 것은 1630년대와 1640년대에 시작된 군주와 귀족의 책임에 대한 정치적·철학적·종교적 논쟁으로 나타난 결과라기보다는 당시에 부상한 상공업 계층의 절제된 가치관이 확대되어 현실에 반영된 결과였다. 플뤼겔은 다음과 같이 말했다.

> 상공업의 이상理想이 각 계층을 차례로 정복하여, 마침내는 훨씬 더 진보적인 모든 국가의 귀족층 사이에서도 수용되면서 그 이상에 어울리는 단조롭고 균일한 복장이 옛 질서에 어울렸던 화려하고 다채로운 옷들을 더욱더 몰아냈다.[10]

커치타는 자신이 명명한 '옛 복식 체제'(이 체제에서 귀족들의 화려하고 값비싼 '요란한' 복장은 1580년대와 1590년대 청교도 팸플릿을 통해 비도덕적이고 반反애국적이라고 비난받았다. 그러나 위엄 있는 행동 준칙에 관한 안내 책자들에서는 그러한 복장에 대해, 사치품 생산과 소비의 가시적인 위계 구조를 유지해야 하는 지배계층이 명예를 위해 의무적으로 갖추어야 할 장엄하고 화려한 소비품이라며 옹호했다)가 왕정복고Restoration(*1660년 찰스 2세 왕위 회복) 이후 재정립된 책임 통치 구조, 즉 말 그대로 슈트라는 근대적 양식의 유니폼을 입고 등장한 새로운 체제에 의해 교체된 것이라는 반론을 펼친다.[11]

플뤼겔과 커치타, 어느 쪽이 제시한 연대年代와 주장을 따르더

영국 국왕 제임스(스코틀랜드의 제임스 6세이자 잉글랜드의 제임스 1세)의 궁정 대신이던 노스 가
문의 3대 남작 더들리 노스Dudley North, 은실 자수가 놓인 검정 슈트를 화려하게 차려입은 모습이
다. 캔버스에 유화, 작자 미상(1615년경).

라도 '금욕renunciation'이란 개념은 여러 면에서 매력적이고 설득력 있는 개념으로 쓰이고 있다. 특히 의복의 발전 과정을 근대 민주주의의 정치적 가치 출현과 본질적으로 연결시킨다는 점에서 더욱 그러하다. 그러나 한 가지 특정한 스타일의 의복이 등장하게 된 연원을 일반적으로 설명하기엔 지나치게 영국 중심적이다. 남성 복식사에 혁명을 일으킨 나라는 영국만 있는 게 아니다. '슈트'라는 이상적인 간결한 복장은 스칸디나비아와 베네룩스 지방을 비롯한 유럽의 다른 지역에도 등장했다. 프랑스 총재정부Directoire(*프랑스 대혁명 과정에서 공포정치가 끝난 1795년부터 나폴레옹의 통령정부가 등장하는 1799년까지 존재한 5명의 총재로 구성된 정부)의 관료들이나 비더마이어Biedermeier(*나폴레옹 전쟁이 끝난 1815년에서 1848년 자유주의 혁명이 일어나기 전까지 오스트리아와 독일을 중심으로 성행한 예술 사조) 시대 오스트리아의 지방 전문직 종사자들만큼이나 17세기 네덜란드 공화국의 상인들도 슈트라는 절제된 유니폼을 열정적으로 입었다. 또한 정치 이론에 초점을 맞추었다는 점에서 금욕이라는 개념은 재단된 대상 자체의 힘과 존재감, 또는 제작자들의 기술과 영향력을 제대로 평가하지 못한다. 개혁된 귀족들과 새로이 해방된 자본가들이 자신들의 적절한 상징물로 슈트를 채택한 것도 무리는 아니지만, 슈트가 지닌 의미의 기원과 그 물질적 형태의 본질은 정치적 상징보다 슈트를 생산하는 물리적 환경에 훨씬 가깝게 놓여 있다.

금욕에 관한 논쟁들과 상관없이 18세기 내내 당대 가치의 보

Habit de Tailleur

니콜라 드 라르메생 2세Nicolas de Larmessin II, 〈기괴한 복장: 테일러의 옷Costumes Grotesques: Habit de Tailleur〉, 레이드 페이퍼laid paper(*기계화되지 않은 방식으로 제작되어 표면에 굴곡진 질감이 있는 종이)에 판화(1695).

네덜란드 화가 퀴린 헤리츠 판 브레켈렌캄Quirijn Gerritsz. van Brekelenkam, 〈테일러의 작업실The Tailor's Workshop〉, 화판에 유화(1661). 고객이 찾아와 테일러와 상담하고 있고, 다른 직공들은 평상 위에 서 책상다리를 하고 전통적인 바느질 자세로 일하고 있다.

고寶庫로서 슈트의 물질적 형태가 진화해온 과정에 수반된 디자인 원칙과 철학적 이상은 19세기까지 이어졌다. 측정과 표준이라는 개념은 물체로서의 슈트와 상징으로서의 슈트 양쪽 모두의 진화 과정에 지속적으로 영향을 미쳤다. 이 두 개념을 통해 빅토리아시대에는 맞춤 슈트 제작에서 더욱 정교해진 기성복 슈트 제작으로 전환될 수 있었으며, 그에 따라 19세기 후반에는 슈트의 고객층이 더욱 확장되었다. 1820년대 이후 줄자가 도입되고, 테일러들이 표준화된 측정 방식과 재단 기술에 더 많은 관심을 갖게 되면서 슈트를 대량생산할 수 있는 기술 실현이 용이해졌다. 그뿐만 아니라 더욱 멋스러우며 과학적이기까지 한 최고급 영역에선 이미 '고전적' 신체 모델에 관한 플라톤적 개념들의 개혁적 잠재력에 매료되어 있던 슈트 산업에 민주화가 일어나리라는 전망도 가능해졌다.[12]

르네상스 시대 피렌체와 섭정 시기Regency (*영국 역사에서 왕세자 조지가 부왕父王 조지3세를 대신해 섭정했던 1811~1820년의 시기) 런던에서는 고객의 신체 비율을 일일이 종이에 기록하거나 변환한 뒤 이 종이들을 한데 모아 고객별로 고유한 의상의 틀을 만들어냈다. 빅토리아시대 초기에 테일러들을 위한 여러 지침서가 출간되었고, 보편적인 재단 법칙으로 신체 비율을 계산할 수 있는 수학적 공식이 제시되었다. 이로써 슈트 제작자들은 일반화된 옷본을 변형하여 누구에게도 잘 맞는 슈트를 생산할 수 있게 되었다. 패딩 padding (*보온이나 형태를 위해 옷감 안에 충전재를 넣는 작업 또는 그 충전재), 라이닝lining (*재킷이나 코트에 안감을 대는 작업 또는 그 안감), 다팅

darting(*평면적인 옷감을 입체적인 체형에 맞추기 위해 긴 삼각형으로 주름을 잡아 꿰매는 작업 또는 그렇게 꿰맨 솔기) 기술로 변형 효과를 낼 수 있게 되자 기성복 슈트 역시 적어도 멀리서 보기에는 웨스트엔드West End(*런던 중심지의 서쪽 지역으로 행정, 상업, 문화시설들이 밀집해 있다)의 최고 장인이 만든 맞춤 슈트와 경쟁할 수 있을 만큼 착용자에게 잘 맞게 생산되었다.

더욱이 최고급 업체들을 제외한 모든 업체에서 기존의 개별 신체치수 측정 기록들을 표준화된 견본으로 대체하면서 몇 배로 커진 국내시장과 국제시장에서 형태를 조정하고 계절별 유행의 변화 속도를 높일 수 있게 되었다. 이전에는 유행하는 옷이 개별화되어 각 지역의 욕구에 맞춰 그때그때 달라졌다. 그러나 이제는 유행에 이상적으로 들어맞는 체형에 맞춰 견본을 바꾸는 일을 여러 지역에서 동시에 대규모로 실행할 수 있게 되었다. 어떤 의미에서는 합리화된 새로운 테일러링 시스템을 통해 이제까지 탐사되지 않은 신체 영역에 대한 항법 지도가 제공되고 있었으며, 제국이라는 맥락과 확장되는 남성 상품 문화 안에서 신체 영역은 미묘하게 성애화되어가고 있었다.[13]

1887년 런던을 기반으로 한 테일러 업계지《웨스트 엔드 가제트The West End Gazette》의 편집자 에드워드 자일스Edward Giles는 이러한 테일러링 시스템에 관한 역사책을 발간했다. 이 책에서 자일스는 여러 테일러링 시스템이 가져온 결과와 영향을 설명하고, 그 유용성을 평가했다. 비슷한 책들이 많이 출간되면서 크게 확장되어 새로이 전문화된 산업에 도움을 주었다. 일찍이 1818년에 출간된 《미스터 골딩의 테일러의 조수Mr. Golding's Tailor's Assistant》는 그런 책들 가운데 하나다. 이 책에서는 모든 치수가 완벽한 신체 비례를 갖춘 남성상으로부터 나와야 한다고 제안하고 있다. "가슴 치수는 허리 치수보다 약 1인치 크다. 그리고 허리길이는 가슴의 너비보다 약 1인치 크다."[14] 이러한 골딩의 접근 방식에 전형적으로 드러나 있는 추상화된 이상적 신체 비율에 기초하여 '우아함과 고상함'을 찾으려는 시도는 의복에 관한 지배적 취향에 부합하는 아름다움의 한시적 근사치들을 산출할 뿐이라고 자일스는 지적했다. 의복의 형태는 금방 유행이 지나간다는 말이었다.

> 움푹 들어가도록 휘어진 라펠, 꽉 조이는 허리, 풍성한 옷자락, 극도로 부풀려진 소매 상단⋯ 이렇게 차려입은 남자는 우리 눈에 우습게 보인다.[15]

결국 해부학과 기하학의 과학적 기준을 엄밀히 적용하여 이상적 신체 비율을 추구하려던 시도는 이후에 등장한 시스템에 의해 폐기되었다. 그러한 접근 방식은 살아 있는 인간 신체의 비례와 비율을 능숙하게 조절함으로써 실제로 불완전한 부분들을 보완하는 데 더 잘 맞는 듯했다. 19세기 중반 이후에 나온 시스템에서는 완벽하게 구현된 본보기를 각기 다른 모든 신체에 강제로 적용하기보다는 다양한 신체 유형이 존재하는 현실을 인정하고 어느 정도의 유연성을 촉진했다. 1847년에 출간된《마름질 실기 완전 지침서*The Complete Guide to Practical Cutting*》에서는 남성의 신체를 삼각자의 각도와 일련의 연산 절차로 축소할 수 없음을 인정했다. 이 지침서의 저자들은 '비만한 남성의 코트를 만들 때, 가슴 치수를 바탕으로 정해진 비율에 따라 옷감을 마름질할 경우 코트의 뒷부분은 지나치게 크고, 앞부분은 지나치게 작아진다는 사실을 경험을 통해 깨달았다'.[16]

테일러링 방식에 대한 그런 불가해한 논쟁들은 당시의 기계화와 그 효과에 대한 의문들의 핵심에 가 닿았다. 1850년대에《테일러 지침서*Tailor's Guide*》를 출간한 찰스 컴페잉Charles Compaing과 루이스 드비어Louis Devere는 마름질 기계를 고려하면서도 산업적 정확성보다는 인간적 판단을 우선시하는, 인체의 모양과 자세에 관한 포괄적인 연구 결과를 제시했다. 이 두 저자는 토머스 칼라일Thomas Carlyle(*1795~1881, 빅토리아시대에 가장 영향력 있는 저술가로 꼽히는 비평가이자 역사학자)이나 카를 마르크스Karl Marx, 또는 윌리엄 모리스William Morris(*1834~1896, 영국의 직물 디자이너, 시인, 소설가이며 사회주의 운동가)에 못지않게 비유가 풍부한 수사법을 구사했다.

어떠한 기계로도 인간의 신체처럼 유연성을 가진 물체를 정확히 측정하기란 쉽지 않다는 사실을 발명가들은 간과해왔다. 나무, 가죽, 금속 따위는 누르는 힘이나 당기는 힘이 충분히 강한지를 인간의 손이 느끼듯이 정확히 알 수 없다. 하지만 이

점은 치수를 잴 때 본질적으로 중요한 사항이다…. 고객에게 기계 속에 들어가달라고 부탁한다면 정말 우스꽝스러울 것이다. 어떠한 몸에나 통용되는 줄자가 있다면 어느 누구의 신체 치수라도 언제나 정확하게 측정할 수 있다…. 고객들은 인내심이 충분하지 않은 듯하다…. 고객들은 다른 사람이 자신의 몸 여기저기를 쳐다보며 측정하는 것을 좋아하지 않는다…. 그리고 자신이 벨베데레의 아폴로와 같은 타입이 아니라는 사실을 테일러가 알게 되는 걸 곤란해한다.[17]

바로 여기에서 테일러의 일상 현실과 바깥 세계 사이의 근원적인 단절이 생겼다. 테일러의 일상 현실에서는 개별 고객에게 접근해 신체 치수를 측정하고 이해하는 것이 근본적으로 중요했다. 그런데 바깥 세계에서는 기술과 과학의 진보에 대한 새로운 관념이 비효율성과 비규칙성을 제거해가는 듯 보였다. 1799년에 이미 표준화된 줄자 측정법을 처음 사용했다는 테일러 조지 앳킨슨 George Atkinson은 1840년대에 자신을 홍보하는 팸플릿을 만들어 자신이 "테일러의 작업을 하나의 시스템으로 간단히 정리했다"고 주장했다. 바로 이 시스템에서 슈트는 개량된 공산품의 특징과 연관성을 지니게 되었다. 하지만 앳킨슨은 여전히 인간의 솜씨에 가치를 부여하기도 했다. "나는 꾸준히 줄자를 사용하다 보니 신사분을 한 번 보면 눈대중으로도 치수를 맞힐 수 있었다."[18]

라펠 구성, 앤더슨앤셰퍼드(2010).

남성 체형에 따라 마름질하는 수학적 기술

19세기에 테일러링을 혁신한 이들 가운데 가장 유명한 사람은 독일 출신 수학자 헨리 웜펜Henry Wampen이었다. 그가 출간한 책에서 가장 강력하게 제기된 속성들은 판단, 기술, 취향이었다. 그는《상이한 남성 체형에 따라 마름질하는 수학적 기술The Mathematical Art of Cutting Garments According to the Different Formations of Men's Bodies》(1834)을 처음 출간한 뒤, 1850년대에는《해부학과 인체측정학Anatomy and Anthropometry》을, 1863년에는《의류 제작용 모형 구성에 관한 수학적 설명Mathematic Instruction in Constructing Models for Draping the Human Figure》을 출간했다. 웜펜은 상당히 기술적인 접근 방식을 취했다. 스스로 학구적임을 의식하고 있는 그의 산문은 전문 직업인으로서 테일러의 기준을 한층 더 높이는 데 도움이 되고, 테일러링 기술학교를 설립하려는 이들을 격려할 수 있도록 공학적으로 설계된 것이었다. 그가 기술한 바와 같이 "정신의 문화는, 우리를 문명화하고 개선하는 모든 것이 그로부터 생겨나고, 그로 인해 모든 인간이 평등해지는 첫 번째 요소다."[19]

슈트 제작자의 신분을 상승시키고 그 열망을 고양하는 것 이외에도 웜펜은 아름다움에 관한 플라톤적 이상들을 고려하면서 완벽한 '고전적' 지위에 있는 남성의 나신裸身을 감상하는 것이 당대 남성복의 디자인과 생산에서 어떤 역할을 할 수 있음을 암시했다. 그는 자신의 초기 경력을 회상하며 다음과 같이 기술했다.

학생이었던 나는 학업을 마치기 위해 베를린으로 갔다. 예술과 철학에 큰 흥미를 가지고 있었는데, 당시에 많이 논의되던 한 가지 물음은 고대 그리스의 이상적 아름다움이 단순히 이상에 지나지 않는 것인지, 아니면 과학적 기초 위에 성립된 것인지 하는 것이었다⋯. 나는 조각상들을 직접 측정해보는 일에 이끌렸고, 결국 고대 그리스의 조각가들이 과학적 토대 위에서 작업했다는 결론에 이르렀다⋯. 하루는, 내 옷을 만들어주던 테일러 프라이탁Mr Freitag 씨가 탁자 위에 내가 그린 스케치들이 놓여 있는 것을 보더니 "당신이야말로 우리가 원하던 사람이군요. 당신은 우리 테일러들을 위해 글을 써주셔야 합니다"라고 말했다.[20]

인체측정학과 고전주의에 관한 이러한 주장들, 그리고 고대 그리스 조각상에 구현된 신체 조건들이 합리화된 근대 의복 생산의 모범적인 견본이 되어야 한다고 하는 이 이론가의 이해는 훌륭한 것이었다. 그리고 로스와 같은 모더니스트들이 플라톤적인 보편 형상으로서의 남성 슈트에 기울인 관심보다 시대적으로 앞섰음이 분명하다. 그러나 고급 테일러링 업계 신문에 실린 복잡한 방정식들은 임시직을 전전하던 시내 중심가의 테일러들에게 의미하는 바가 컸다. 물론 당시에 점차 대량생산이 확장되고 있던 남성복 시장에서 이렇게 공허한 철학적 사고는 아무리 좋게 생각해도 부적절한 것이었다. 하지만 넓은 의미에서 보자면 그러한 사고가 유통

되었다는 사실은 남성의 신체와 그에 맞는 의상을 향한 대중의 관심을 그대로 반영한 것이었다. 이는 오늘날 우리가 알고 있는 남성 슈트의 진화 과정에 기여한 바가 크다.

남성의 신체와 의상에 대한 대중의 관심은 특히 추상적인 옷본이 고객의 2차적 피부로 변신하는 그 섬세한 순간에 감지될 수 있었다. 종이와 초크, 실과 핀 그리고 옷감을 이용해 고객의 신체라는 틀에 딱 맞아떨어지는 한 벌의 슈트를 만들어내는, 연금술사와도 같은 테일러의 역할은 마술처럼 보이면서도 일반적으로는 눈에 띄지 않게 남아 있던 기술의 한 형태를 대표하는 것이었다. 고객의 치수를 재고 그 몸에 옷을 맞추는 매우 개인적인 과정은 노동과 문학과 문화를 다루는 역사가들이 우선시해온 일터나 거리의 사건들에 가려졌다. 이 역사학자들은 주로 노동이 착취되는 산업 현장과 멋쟁이들이 활보하는 공공장소의 역사를 추적하는 일에 관여해온 탓이다. 고객의 치수를 재는 중대한 의식儀式은 지극히 개인적인 일이기 때문에 사람들의 시선을 비껴갈 수 있었을 것이다. 하지만 바로 여기에 이 의식이 지닌 육체적 근접성이라는 문제가 있다. 이 문제는 테일러링 저널리스트, 뮤직홀 공연자, 대중소설가 들의 관심을 피해가지 못했다. 1990년대까지도 지나칠 만큼 친근하게 구는 테일러들이 영국 텔레비전 코미디 프로그램에 전형적인 인물로 등장했고, "손님, 잘 어울리십니다!" 같은 유행어[21]를 만들어내기도 했다.

1880년대와 1890년대에는 사람의 팔다리와 몸통이 관련된 이 어색한 일대일의 협의 과정에 더 중요한 의미들이 부가되었다. 더욱 정교해진 기성복이 새로운 남성복 상점과 백화점 매장에 공급되면서 전통적인 맞춤옷 테일러들의 영역과 경쟁하기 시작한 탓이었다. 당시 영국의 유력한 테일러 업계지《테일러 앤 커터*The Tailor and Cutter*》에 실린 칼럼들은 테일러링 시스템을 살아 있는 인간 신체에 적용하는 방식에 관한 엄격한 규칙들을 다루었다. T. H. 홀딩Holding이라는 통신원은 테일러 독자들에게 다음과 같이 강력하게 권고했다.

> 자신이 두 손으로 여기저기 더듬고 있는 것은 승마용 발판이 아니라 예민하고 명민한 한 남자의 몸이라는 점을 기억해야 한다. 제1의 규칙은 신체 치수를 측정할 때 절대 고객의 정면에서 하지 말고 오른쪽 측면에서 하라는 것이다. 그렇게 해야만 어떤 경우에도 불쾌함을 피하고 친근감을 줄 수 있다…. 다리 길이는 바지 제작에 가장 중요한 치수인데 번번이 잘못 측정되곤 한다. 다리 길이를 잴 때는 아주 잽싸게 줄자의 끝을 고객의 살에 가져다 댄 다음, 고객의 허벅지 뒤쪽으로, 즉 당신의 왼편으로 내려야 한다…. 사람의 외형에 문제가 없는데도, 양쪽 다리 길이가 24와 22처럼 다르게 측정되었다면 어느 한 쪽을 잘라내야 한다는 것이다.[22]

이렇게 해서 치수 측정 시스템과 옷본 마름질 기술의 현대화

영국 하원의 대변인이며 법무장관이었던, 핀치 가문의 초대初代 남작 존 핀치John Finch, (의례에 쓰이는 금실 자수가 들어가 있긴 하지만) 17세기 중반의 더욱 단순해진 의상과 수수한 리넨 셔츠를 입은 모습이다. 플랑드르 최고의 초상화가로 불리는 반다이크Van Dyck(1599~1641)의 화풍을 모방해 그린 초상화. 캔버스에 유채(1640년경).

헨리 윌리엄 피커스길Henry William Pickersgill, 〈토마스 드러먼드 대위Captain Thomas Drummond〉, 캔버스에 유채(1834). 그림의 주인공은 근대 측량법을 창시한 토목기사로서 부상하는 전문직 계층의 유니폼과도 같았던 검은색 의상을 입고 있다.

된 수사법이 결합된 구식 에티켓은 20세기로 전환되는 시점의 유럽과 아메리카에서 테일러링의 새로운 언어를 특징지었고, 슈트의 사회적 의미와 외양을 형성했다. 또한 이러한 현상은 스타일의 측면에서 일어난 큰 변화와도 일치했다. 평균적인 남성복의 영역이 확장되어 레저와 취미는 물론, 특히 스포츠에 관련된 수많은 표준화된 의복까지 아우르게 되었다. 테일러드 슈트의 외관과 촉감에까지 그 영향이 미치지 않을 수 없었다. 이를테면 표면이 부드럽고 편안하며, 절개선이 단순하여 이전에는 가정에서 편안하게 입는 용도로만 제한되었던 라운지 슈트lounge suit는 1910년경에 이르면 대서양 양안에서 모두 비즈니스 정장으로 수용되었다.[23] 라운지 슈트는 형태가 매끄럽고 무게가 가벼워 건강하고 현대적인 남성 육체의 한층 더 자연스러운 보완물이 되었다.

이와 마찬가지로, 1890년대 맞춤 슈트 업계의 테일러들도 디자인 기술을 이용해 현대적 감각을 살리고 신체를 더욱 돋보이게 하는 완제품을 생산하기 위해 분투했다. 흥미로운 것은, 이 목적을 달성하기 위한 최선의 방법이 패딩과 라이닝을 이용하는 것인지, 아니면 마름질 방법을 합리적으로 개선하는 것인지를 두고 일어난 논쟁이 오늘날까지 계속되어왔다는 점이다. 이와 관련된 서로 다른 스타일은 (이를테면 이탈리아의 느슨하고 '조직화되지 않은' 테일러링 스타일처럼) 흔히 국가별로 상이한 모델들과 결부되어 있거나, (격식을 차린 밀리터리 스타일이 고급 양복점들이 밀집한 런던 새빌 로Saville Row의 다양한 업체들과 연결되어 있는 것처럼) 업체들의 특성과 관련되어 있다. 1989년 《런던 테일러London Tailor》의 편집자는 스타일의 차이점에 면밀한 관심을 기울였다.

우리는 이 새로운 스타일에 '테일러링의 주철 패턴'(*영어의 주철cast-iron이라는 말은 철을 녹여서 주조한 무쇠 제품처럼 튼튼하거나, 빈틈이나 이음새가 없이 완벽하다는 의미로도 쓰인다)이란 이름을 붙였다…. 우리는… 한 고객을 위해 부드러운 비쿠냐 Vicuna(*야생의 알파카) 코트를 만들면서 어깨에 프렌치 캔버스와 아주 가는 말총을 넣은 것 말고는 어떠한 보강재나 패딩도 사용하지 않았다. 코트는 촉감이 좋았다…. 그리고… 손에 끼는 장갑처럼 고객의 몸에 잘 맞았다. 이 고객은 320킬로미터가 넘는 거리를 여행해서 휴양지에 머물며 코트를 장만하는 사람이다…. 앞면에서부터… 다시 어깨솔기 쪽으로 가면서… 패턴이 거의 두 배 크기로 늘어날 만큼 체크무늬 트위드 옷감을 강하게 잡아당겨 펼쳤다…. 양쪽 어깨는 거의 견장처럼 보일 정도였다…. 전자의 스타일은 말끔하고 자연스러웠지만 후자는 부자연스럽고 우스꽝스러웠다. 그러나 당시에는 후자의 스타일이 포츠머스Portsmouth(*잉글랜드 남부의 군항)에서 애버딘Aberdeen(*스코틀랜드 북동부 항구도시)에 이르기까지 유행하는 스타일이었다…. 매우 예술적인, 자연스럽고 자유로운 듯한 테일러링으로 회귀할 것이라고 말할 수 있는 것은 없다…. 한 조각의 옷감을 한 사람의 가슴에 대고 그것을 마치…

가는 허리

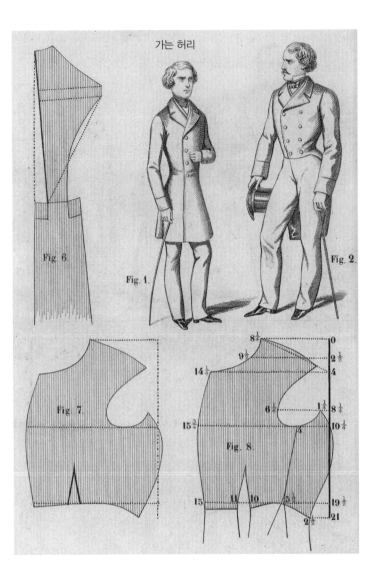

Fig. 6.

Fig. 1.

Fig. 2.

Fig. 7.

$8\frac{1}{4}$

$9\frac{1}{2}$

$14\frac{1}{4}$

$6\frac{1}{4}$

$15\frac{3}{4}$

$1\frac{1}{4}$

$\frac{1}{4}$

Fig. 8.

15 11 10 $5\frac{1}{2}$

$2\frac{1}{2}$

0

$2\frac{1}{2}$

4

$8\frac{1}{4}$

$10\frac{1}{4}$

$19\frac{1}{2}$

21

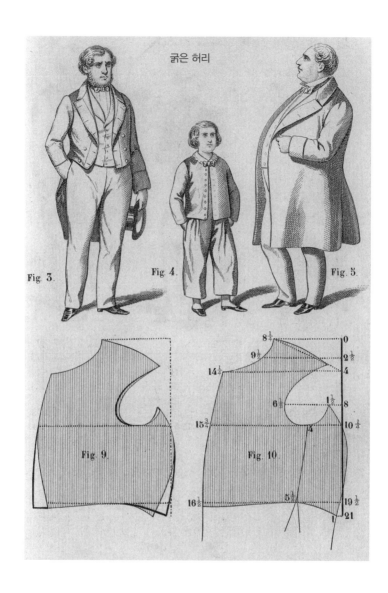

《테일러 시침서: 어떤 옷도 마름질할 수 있는 완전 시스템The Tailor's Guide: A Complete System of Cutting Every Kind of Garment》(1850년경). 여기에서 볼 수 있는 것처럼 재단 지침서들은 인체측정학을 이용한 슈트 제작 기술을 통해 모든 체형을 개선할 수 있다고 장담했다.

얇은 양철판처럼 뻣뻣하게 펼치는 것이… 코트 한 벌을 제대
로 만들어 그것이 있어야 할 자리에 있도록 하는 것보다는 훨
씬 쉬운 일이다.[24]

그러한 논쟁들이 21세기 초반에도 계속 이어진다는 사실은 기
이한 일이다. 앞에서 인용한 2003년도 산업 보고서에서는 가상의
영국인 슈트 제작 집단에 상업적 성공에 관한 다수의 질문을 제시
했다. 여기에 담긴 슈트의 핏fit, 구현embodiment, 스타일, 기술, 효
율, 소비자 이해에 관한 논쟁들은 이미 1580년대 피렌체의 테일러
나 1890년대 웨스트엔드의 달인에게도 익숙했던 것들이다.

슈트 생산자는 스스로에게 물어야 할 것이다. 더 나은 슈트—
인체에 잘 들어맞는 3차원성을 지니고 있어서 느낌도 좋고 보
기에도 좋으며, '숨을 쉬고' 다루기에도 유쾌한 슈트—를 짓
는 법을 이해하는 디자이너들을 보유하고 있는가? 완성된 디
자인을 처리하기 쉬운 일련의 마름질과 바느질 작업들로 전환
하는 법을 이해하는 기술자들을 구할 수 있는가? 더욱 섬세한
이 작업들을 시간에 맞춰 정확하게 수행할 수 있는 능력을 갖
추도록 직원들을 훈련하고 유지할 수 있는가? 필수 장비들에
투자할 준비가 되어 있는가…? 그리고 강력한 브랜드를 개발
하거나 한정된 독점적 소매상들에게만 판매함으로써, 슈트의
여러 미묘한 차이점을 알지 못하는 시장에 더 나은 슈트의 개

〈테일러의 패션 플레이트A Tailor's Fashion Plate〉(1910년경). 20세기 초가 되자 라운지 슈트는 비즈 니스의 동의어가 되었다.

1912년에 개장한 파리 라파예트 백화점의 호화로운 내부. 라파예트 백화점은 새로운 유통 및 소매 방식을 동원하여 슈트의 민주화에 기여하고, 슈트의 생산 중심을 맞춤옷에서 기성복으로 옮겨 놓은 당시의 여러 백화점 가운데 하나다.

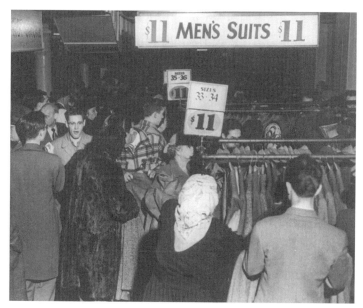

20세기 중반에 이르자 기성복 슈트는 언제 어디서나 볼 수 있게 되었으며, 번화가의 주요 상품이 되었다.

선 사항들을 알릴 능력이 있는가?[25]

미학적 특색을 획득한 남성 슈트

슈트가 지닌 물질적, 철학적, 정치적 속성들을 둘러싸고 오래 지속된 주장들 또한 이 책을 구성하는 틀을 이룬다. 우리는 슈트가 지닌 기능적 의미와 상징적 의미는 물론 슈트에 결부된 특정 사회

집단과 노동 형태에 대해 자세히 살펴볼 것이다. 그리고 슈트가 상업적 거래 물품이면서 동시에 민족주의 정서를 표현하는 도구로서 지녔던 지위와 함께, 세계 여러 지역에서 상이하게 발전해간 경로를 탐험할 것이다. 또한 좀 더 넓은 의미에서, 슈트가 주류 문화에 속한 이들은 물론 전위적 예술가들과 작가들 사이에서 영감의 원천으로 통용된 방식에 대해서도 고려할 것이다. 의미를 전달하는 복합적이고 지속적인 도구로서 슈트는 정체성에 관한 질문을 계속해서 제기하며 오늘날 우리에게 끊임없이 도전해온다. 예술사 전문가인 앤 홀랜더Anne Hollander(*1930~2014, 복식사를 주로 연구한 미국인 역사학자) 역시 1994년 근대성과 관련하여 슈트가 지닌 문화적 중요성에 대해 고찰한 영향력 있는 저서를 출간했다. 그녀는 자신의 책에서 오래도록 지속되는 슈트의 자기모순적 힘에 좌절하는 동시에 매료되는 느낌을 표현했다. 책 앞부분에 실린, 오딘의 망토를 계승한 이들에 대한 관찰 내용은 이 책에서 곧이어 진행할 논의 사항들로 부드럽게 넘어가는 다리가 되어줄 것이다.

정상회담에 모인 각국의 남성 수장들도 슈트를 입고 있지만, 면접에 나온 남성 구직자들 역시 슈트를 입고 있으며… 살인죄로 기소되어 법정에 불려나온 피고인도 슈트를 입고 있다…. 정장이든 아니든, 바지-재킷-셔츠-넥타이로 이루어진 슈트 차림은 종종 따분하다거나 혹은 그보다 못한 차림새라고 말하는 사람들도 있다. 그것들이 없다면 우리가 살 수 없을, 단순하면서도 훌륭한 다

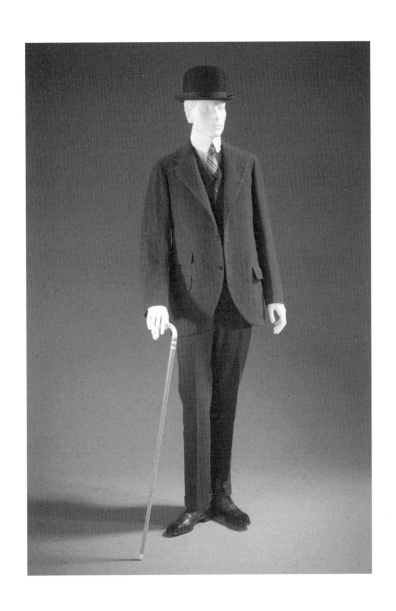

양모 트윌을 소재로 한 남성 라운지 슈트(1911).

DUKE OF NORFOLK.

노펵Norfolk의 6대 공작 헨리 하워드Henry Howard. 1666년 찰스 2세가 단행한 영국 궁정 복식 개혁
에 결부된 오스만 스타일의 과도기적 베스트를 입고 있다. 길버트 소이스트Gilbert Soest, 캔버스에
유채(1670~1675년경).

른 물건들과 마찬가지로, 남성 슈트는 최근에 와서야 싫증나게 하는 미학적 특색을 획득했다. 나는 그것을 거슬리는 완벽성이라 부르겠다. 남성 슈트가 지닌, 미묘하게 통합된 아름다움은 포스트모던의 감수성에, 그리고 20세기 말 들쑥날쑥 요동치며 변화하는 기후에 맞게끔 조율된 안구眼球와 정신에는 상처를 주는 모욕이다. 슈트는 최선의 고전적 의미에서 냉혹할 만큼 모던하기 때문이다. 게다가 슈트는 앞으로도 오래오래 살아남을 것으로 보인다.[26]

1 마침맞은 옷, 슈트

일상에 스며든 유니폼

　미묘한 변화와 디테일에 대한 강박을 특징으로 하는 현대 슈트의 자재와 스타일의 역사는 테일러의 기술 및 상업 문화로부터 가해지는 압박을 통해 형성되었다. 그럼에도 많은 관찰자와 비평가는 그에 결부된 숨 막힐 듯한 순응성conformity을 이유로 슈트를 비난해왔다. 슈트는 사람들의 외양을 단속함으로써 차이를 규제하는—그리하여 사람들을 각자 정해진 위치에 잡아두는—단순한 유니폼에 지나지 않는 것으로 번번이 묵살되어왔다. 사회적 투쟁과 성적 자유에 대해 글을 쓴 19세기 말의 진보적 작가 에드워드 카펜터 Edward Carpenter(*1844~1929, 영국의 시인이자 철학자, 사회주의 사상가였으며 초기 동성애자 인권 운동가로 활동했다)는 무거운 솔기와 옷감으로 지어진 슈트라는 감옥에 대해 신랄하게 표현한 바 있다.

　사실 오늘날 모두들 입고 다니는 것처럼, 양장본 책표지마냥 뻣뻣한 옷감을 겹겹이 껴입는다는 것은 관 속에 들어가는 것과 별다르지 않다. 하늘이나 대기의 쾌적한 기운은 도무지 이 무감각한 피막을 뚫고 들어올 수 없다…. 신과 인간 사이에 놓인 열한 개의 층위라니! 아랍인들이 우리보다 더 나은 위치에 있을 것이 틀림없다. 테일러가 만들어낸 이 엄청난 무게 아래에서 어느 누가 신의 영감을 받을 수 있겠는가?[1]

카펜터의 한탄은 매우 흥미로운데, 아랍인들의 복장이 상대적으로 자유로웠음을 상기시킨다는 점에서 특히 그러하다. 찰스 2세가 1666년 가을 오스만제국의 복식에서 영감을 받은 베스트를 영국 궁정 복식에 도입한 때를 스리피스로 구성되는 현대적인 영국 슈트가 탄생하게 된 결정적 순간으로 본다면, 존 에블린John Evelyn, 앤드류 마벨Andrew Marvell과 그 동시대인들이 생각한 것처럼 사실상 오리엔탈리즘을 최초의 슈트(숨 막힐 듯한 순응성의 표지標識는 아니었던)가 등장하는 데 영향을 끼친 몇몇 요소들 가운데 하나로 보는 것이다.[2] 찰스 2세의 궁정 대신들이 취한 새로운 복장은 엘리트 계층과 일반 시민 계층에서 전례 없이 환영받는 획일성을 획득했다. 이렇게 통일된 복장은 초기 단계에선 입는 이를 속박하기보다 원기를 돋아주는 혁명적인 것이었다. 새뮤얼 피프스Samuel Pepys(*1633-1703, 영국의 해군 출신 정치가로 당대 런던의 풍속과 궁정 생활을 자세히 기록한 일기를 남긴 것으로 유명하다)는 이 새로운 복장이 몰고 온 변화를 특유의 예리함으로 기록했다.

이날(1666년 10월 15일) 국왕께서 베스트를 입기 시작하셨다. 나는 궁정 대신들 가운데 상원과 하원의 몇몇 인물들도 베스트를 입은 것을 보았다. 그들은 몸에 꼭 맞는 기다란 검은색 카속cassock(*보통 가톨릭교회의 성직자들이 입는 것과 같은 긴 겉옷)을 입었다. 아래쪽을 물결무늬로 자른 카속 밑에 흰 실크를 받쳐 입고, 위에는 코트를 걸쳤다. 그리고 다리에는 마치 비둘기 다리에 하듯 검은 리본 장식을 달았다. 대체로 보아, 나는 국왕께서 이 복장을 유지해주시길 바란다. 무척 곱고 멋진 복장이기 때문이다.[3]

새로 등장한 슈트가 무척이나 곱고 멋진 복장이었을지 모르겠으나, 슈트는 그 이전에 등장해서 같은 시기에 함께 변화를 겪고 있는 군복이라는 유니폼에 빚진 것이 있다. 16세기와 17세기 초 유럽의 전쟁터에서 화기 사용이 증가하자, 군사 이론가들과 사령관들은 군사적 우위를 점하려면 병력의 협동과 조화(예를 들면, 화약을 사용하는 총병銃兵 군단과 강철을 사용하는 창병槍兵 군단의 내부 및 군단 간의 협동과 조화)가 반드시 필요하다는 결론에 이르렀다. 또한 봉건적인 사병私兵과 용병 그리고 징집된 민간인 병사로 군대를 구성하던 관행이 점차 사라지고, 자원입대해 봉급을 받고 복무하는 상근 군인들의 조직화된 군대가 설립된 것 역시 계급을 막론하고 제공되는 통일된 군복의 생산, 공급, 개발의 전제조건이 되어주었다. (앞서 서론에서 살펴본 테일러링 시스템을 통해 의복 생산의 표준화와 대량화가 가능해졌다는 사실이 군복 생산과 공급에도 도움이 되었다.) '전승의 시대patrimonial era'라고 알려진 18세기 초엽에는 전장과 의례에서 그 지역 산물이나 수입 재료(깃털에서 표범 가죽에 이르는)로 채우거나 장식한 다채롭고 인상적인 유니폼을 입는 것이 규범처럼 되었다.[4]

위계와 관료제도의 질서에 강한 집착을 보였던 부르봉왕조가 지배하는 프랑스에서는 군복이 궁정과 국가의 통제력을 행사하는 강력한 기제로 쓰이면서 많은 논쟁의 근원이 되었고, 이러한 경향은 프랑스혁명을 거쳐 나폴레옹전쟁까지 지속되었다. 군복 사업으로 발생한 물질적, 경제적 비용과 보상은 엄청나게 컸다. 복식과 외양을 연구한 역사학자 다니엘 로슈Daniel Roche(*1935~, 프랑스대혁명 이전 구체제의 사회와 문화를 전문적으로 연구한 프랑스 역사학자)가 추산한 바에 따르면, 18세기 중반(대략 1726년과 1760년 사이) 프랑스에서는 모든 부대에 인력을 충분히 배치하는 데 꼭 필요한 신병들에게 매년 2만 벌의 군복을 공급했다. 보병의 경우만 헤아리더라도 군복 코트 제작에 브로드클로스 3만 미터, 끝단 장식 등에 필요한 다양한 색깔의 옷감 3천 미터, 안감을 대기 위한 서지 10만 미터가 소요되었음을 의미한다. 그 밖에도 브리치스breeches(*승마 바지처럼 무릎 바로 아래에서 여미게 되어 있는 반바지), 웨이스트코트, 셔츠, 속옷, 양말, 넥스탁neckstock(*넥타이의 전신으로, 18세기 후반에서 19세기 초반까지 남성들이 풀 먹인 칼라를 빳빳이 세우고 그 위에 두세 번 감아 묶었던 보통 흰색으로 된 장식용 천)을 생산하는 데 다양한 천들이 수천 미터씩 필요했다는 말이다.[5] 그러나 당시 프랑스는 물론이고 다른 곳에서도 이러한 사업의 규모보다 더 중요했던 것은 군복이라는 유니폼의 개념이 일반적으로는 시민사회 전반에, 특수하게는 존경받을 만한 세련된 현대 남성상에 제기한 도전이었다. 로슈는 당대 철학을 근거로 다음과 같이 선언한다.

정신과 육체를 새로 형성할 필요가 있을 때 유니폼은 소중한 도움을 제공한다. 그것은 훈련, 즉 개인의 통제된 능력을 교육하는 데 필요한 요소다…. 그것은 자율적으로 자신을 유순하게 길들이며, 복종을 통해 개인의 장점을 집단의 능력으로 전환하는 전투적 개인의 체격과 자세를 갖도록 설계하는 과정에 필요한 하나의 도구다…. 전쟁이 필연적으로 정치의 연장선 위에 놓일 때… 유니폼은 군사 논리의 중심에 놓인다. 유니폼은 전투에서 효율성의 근원이 되며, 사회에서는 권력의 수단인 통제력을 강제한다…. 교육을 통해 개인의 역할을 창조하고 실현하며, 전능한 힘을 발휘함으로써 정치적 기획을 뒷받침한다…. '자동적인 유순함과 각자의 자율성을 복종의 척도로 하여 개인의 자유를 효율적으로 누리려는 구체적인 경제성' 사이에서 충돌이 일 때, 유니폼은 이를 중재하는 사회성의 이상적이며 주의적主意的인 비전의 중심을 이룬다. 유니폼은 사회 전체에 깊이 스며든다.[6]

로슈가 루소 Rousseau의 《사회계약론 Social Contract》에 담긴 중요한 교의를 완곡하게 언급한 내용을 읽어보면 슈트를 '단순한 유니폼'의 지위로 깎아내릴 경우 유럽의 근대화 과정에서 슈트가 지닌 중요성에 대한 미묘한 의미를 살리지 못한, 불충분한 설명만을 하게 된다는 사실이 떠오른다. 역사를 공유하고 있는 군복과 마찬가지로, 슈트는

제1근위보병연대의 군복을 멋지게 차려입은 조지 케인 헤이워드 쿠스메이커George Kein Hayward Coussmaker 대위. 군복은 18세기 중반부터 유럽과 북아메리카에서 남성복 패션의 변화를 추동하는 주된 요인이었다. 조슈아 레이놀즈Joshua Reynolds, 캔버스에 유채(1782).

공공장소에 대한 새로운 도해圖解의 일부였다. 그것은 거리를, 인간관계와 사회관계의 규약을 설정했으며, 하나의 미학을 발전시켰다는 점에서 더욱 설득력이 있었다.[7]

존 스타일스John Styles 또한 18세기 잉글랜드 서민들의 복식을 조명한 자신의 연구서에서 편재성뿐 아니라(영국은 18세기 내내 전쟁 중이었다) 일상의 패션과 관습에 끼친 영향이라는 측면에서 군복이 지닌 중요성을 지적했다. 영국 군대의 군복 가격은 병사의 봉급에서 일부 지불되었기 때문에 군인들은 전역할 때도 군장軍裝을 그대로 챙겨서 나가는 경우가 많았다. '그 결과 군복이 일상복으로 퍼져나갔다'. 이와 마찬가지로 프로이센에서는 7년 전쟁(*1756~1763, 프러시아에 빼앗긴 슐레지엔 지방을 되찾기 위해 오스트리아가 벌인 전쟁으로, 유럽 열강의 국제전으로 확대되었다) 승리 이후 1760년대와 1770년대에 군복이 극성기에 이르러 가장 정교하게 만들어졌다. 프러시아 군복의 '몸에 딱 맞는 핏, 올곧은 자세 그리고 장식적인 부속물'에 세간의 이목이 쏠리자, 군복 스타일은 불가피하게 테일러들에 의해 재빨리 복제되거나, 자기표현의 한 양상으로서 남성복 일반에 반영되었다.[8] 용맹한 영국 근위보병과 해병은 멋쟁이 남성들의 패션에 점점 더 많은 영감을 제공해주었다.

그러나 군인의 외관이 지닌 현란한 맵시를 통해 현대적 슈트의 진화 과정을 이해할 수 있는 것은 이 정도가 전부일 것이다. 물론 규율에 대한 군사적 충동, 제복이 갖는 실용적인 행동 유발 기제 그리고 새로운 사회 및 정치 계약에 잘 들어맞는 복식의 발전 사이에는 어느 정도의 등가성과 실제적인 시너지가 존재한다. 하지만 전투 복장의 과시적이고 의례적인 속성이 실제로 나타내는 것은, 본질적으로 호전적 의미를 지닌 복식의 한 종류일 뿐이었다. 직업과 관련된 다른 종류의 유니폼들이 오히려 찰스 2세가 발명한 본래 복장에 내포된 가치들과 훨씬 더 밀접한 관계를 맺고 있었다.

간소함과 단순함으로 지속되다

존 스타일스를 비롯한 다른 학자들은 간소한 복장과 관련된 비국교도Nonconformist(*영국의 국교, 즉 성공회에 속하지 않은 다른 프로테스탄트 종파들이나 그 신자들을 말한다)의 종교적 사상과 관행이 사회의 모든 층위를 가로지르는 남성복 영역에서 간소한 슈트가 더욱 탁월한 지위를 획득하는 데 큰 영향을 끼쳤다고 생각한다는 점에서 설득력이 있다. '화려한 의복과 장식을 피해야' 했으며, '간소함과 단순함에… 역점을 두었던' 퀘이커 교도들은 가장 '철저하고 정확한' 복장 규정집을 출간하여 신자들에게 용인되는 옷차림이 어떤 것인지를 알려주고, '장식으로부터 기능을, 잉여로부터 필수를' 구분해냈다. 퀘이커 교도들의 회합은 이기적으로 멋을 부리려는 유혹에 빠져 물의를 일으키는 신실하지 못한 신자들에 대한 토론 때문에 주목받았다. 그러나 그들이 전체 영국 인구에서 차지한 비율은 매우 낮았다. 게다가 그들이 의도적으로 입고 다니던 아무 장식도 없는 구식 복장은 상식을 벗어날 정도로 평등주의적인 그들의 사회적 관습과 결합되어 조롱당하는 일이 잦았을 뿐, 모방의 대상이 되는 일은 거의 없었다.[9]

존 웨슬리John Wesley가 이끈 감리교에는 훨씬 많은 신도가 있었는데, 특히 노동자 계층에 많았다. 외양에 대해 이들이 갖고 있던 생각은 퀘이커 교도들의 생각을 적절히 차용하여 대중화한 것이었다. 1760년에 나온 존 웨슬리의《감리교 신자들에게 전하는 복장에 관한 권고Advice to the People Called Methodists, with Regard to Dress》에는 합당한 의복 착용에 관한 구체적인 지침이 제시되어 있다.

아무리 유행하는 것이라도 벨벳, 실크, 고급 리넨, 사치품, 장신구는 절대 사지 말 것. 이미 갖고 있는 것이라도 색깔이 요란하거나, 화려하고 반짝이며 현란한 것은 절대 착용하지 말 것. 한창 유행 중인 것이나, 행인들의 시선을 끌 만한 것도 절대 착용하지 말 것… 또한 남자들에게도 권고하는바, 색깔 있는 웨이스트코트를 입지 말고, 번들거리는 양말을 신지 말며, 코트든 셔츠 소매든 반짝이거나 값나가는 버클 또는 단추를 달아서는 안 된다.[10]

웨슬리의 권고는《성경》의 가르침과 반反물질주의적 세계관에 기초했다. 그가 전달하고자 하는 말의 의도는 신자들의 관심이 세상의 유혹에 흐려지지 않고 오직 사랑을 향하게끔 하려는 것이었다. 여기서 중요한 것은, 그의 권고가 호사스럽거나 공허하지 않고 점잖으며 '적절한' 복장이라는 위험한 영역을 해석하고 조율하는 데 폭넓은 어휘를 제공했다는 점이다. 이런 의미에서, 간소한 옷차림의 수수한 덕목들이 아마도 (여전히 비국교도들이 번창하고 있던) 비국교도들의 피신처였던 북아메리카에서 더 열광적으로 수용되었는지는 몰라도, 영국을 비롯한 유럽의 다른 지역에서는 웨슬리의 본보기가 슈트 착용이 발전하고 번성하는 데 완벽한 맥락을 제공해주었다.

슈트의 형식이 군사 문화와 비국교도 신앙에 받아들여지고 (또한 그 반대로도 받아들여지고), 이후 사회 전반의 가치에도 수용되었던 것은 단지 유럽에서 발전해가던 슈트의 균일한 컷과 스타일 때문만은 아니었다. 적어도 비국교도와 관련해봤을 때, 슈트가 그토록 오래 지속될 수 있었고, 19세기의 윤리적·철학적·경제적 생활의 지배적 관심 사항들을 나타내는 적절한 상징이 될 수 있었던 것은 슈트의 어둡고 짙은 제한된 색상 덕분이기도 했다. 문학사학자 존 하비John Harvey는 르네상스 시대에서 오늘날까지 검정색이 이상화된 남성복의 색상으로서 그 지위를 계속 유지하고 있다는 사실을 꿰뚫어 보면서 찰스 디킨스Charles Dickens의 소설에 등장하는 인물과 분위기의 특징적 요소로 검정색이 지닌 중요성에 각별히 주목한다.

디킨스가 그려낸 전체 그림에서, 엄청난 부를 소유하고 강대국으로 올라선 당대의 영국은 단지 어두컴컴한 장소에 지나지 않는다. 그 장소를 운영하는 사람들은 때로 여성인 경우도 있지만, 번번이 검은 옷을 입고 있으며… 개인적으로 얼마나 많은 부와 권력을 지녔든, 소심하고 과민하며 억압된 남자인 경우가 많다.[11]

어두운 영국의 산업도시에서 디킨스의 영웅들과 반反영웅들은 죽음의 색깔을 다양한 방식으로 취했으며, 동시대 및 이후 세대의 독자들에게 복장과 심리에 관한 끔찍한 부담을 지운 듯하다.

디킨스는 자신이 묘사한 세계에—스스로에게 친밀한 상처를 안기고 있는 것으로 점점 더 많이 묘사된 세계에—속해 있었다…. 그는 검정색이 세련미와 품위와 체면이란 가치를 지니고 있으면서도, 억압과 비탄이란 가치도—사람의 마음에서 유실된 무언가에 대한 애도의 가치도—지녔으며, 그것을 넘어서 사교에서 성애性愛에 이르기까지, 위축되고 왜곡되어 당장이라도 살인의 형태로 분출될 수 있는 암흑의 충동까지 지녔던, 한 시대의 기록자이자 대표자였다. 다시 말하자면, 19세기에 검정색은 애도의 검정색뿐 아니라 고대의 검정색과도 친연성을 가지고 있었으며, 어떤 검은 숙명의 기미, 에리니에스Erinyes(*그리스 신화에서 세 자매로 이루어진 복수의 여신들)

의 검은 색조 또한 띠고 있다.[12]

　그 모든 어둠이 남성 슈트와 일상 속 슈트의 지위에 불가피하게 영향을 끼쳤다. 유럽의 여러 도시, 특히 런던에서는 테일러와 그 고객들이 제국과 상공업에 의해 나타난 새로운 전문 직종에 적합한 복장, 즉 체면과 책임의 적절한 감각을 전달할 수 있는 옷차림을 찾아내기 위해 애썼다. 1860년대부터는 검정 모닝코트morning coat(*보통 연미복이라 부르는, 앞은 짧고 뒤가 긴 남성 정장용 재킷) 위에 무릎까지 내려오는 프록코트frock coat(*19세기 남성들이 주로 입은 무릎까지 내려오는 정장용 외투)를 맞춰 입고, 검정색과 회색 줄무늬가 들어간 일자 모직 바지에 실크해트를 착용하는 것이 의회 양원의 의원, 도시의 은행원 및 증권 중개인, 판사, 변호사, 의사가 선호하는 업무 복장이 되었다. 이러한 옷차림은 20세기까지 유행하다가, 1930년대 이후로 법정에 출석하는 경우와 상류층의 경마 대회, 결혼식, 장례식 등에 참석할 때 격식을 차려서 입는 정장의 전형으로 굳어졌다.

　하위 계층과 직종에서는 사무원 복장이 대안적 전형을 제시했다. 에드거 앨런 포Edgar Allan Poe는 1840년에 출간한 단편소설 〈군중 속의 남자The Man of the Crowd〉에서 런던 거리에 존재하던 사무원들의 모습을 생생하게 그리고 있다. 기성 사업체에서 일하는, 나이가 많고 직급이 높은 사무원들은 어딘가 한 세대 전에 비국교도들이 입었던 옷차림처럼 금욕적인 청빈의 특성을 띠고 있었다.

조셉 거니Joseph Gurney의 〈신실한 퀘이커 교도The Sincere Quaker〉, 메조틴트(1748). 퀘이커 교도는 꾸밈없는 단순한 복장을 통해 소박하고 경건한 자신의 믿음을 선포한다.

소외감을 느끼게 하는 산업화된 도시의 거리는 근대 복식에 딱 들어맞는 배경이 되었다. 화가 조지
크룩섕크George Cruikshank의 그림은 찰스 디킨스가 초기에 여러 신문과 잡지에 기고한 단편들을 모
아서 묶은 《'보즈'의 스케치Scketches by 'Boz'》(*1837~1839, 보즈는 디킨스가 초기에 사용한 필명)
에 런던의 이미지를 나타내는 삽화로 사용되었다.

그들은 편안하게 앉을 수 있도록 만들어진 검정 또는 갈색 코트에 팬털룬pantaloon(*19세기의 통이 좁은 남성용 바지)을 입고, 하얀 캔버스 소재의 크라바트cravat(*오늘날의 넥타이처럼 남성들이 목에 둘러 감았던 일종의 스카프)와 웨이스트코트 그리고 견고해 보이는 볼이 넓은 구두에 두껍고 긴 양말이나 각반을 착용한 모습으로 알아볼 수 있었다…. 나는 그들이 언제나 두 손으로 모자를 벗거나 바로잡는다는 것, 그리고 상당히 크고 튼튼한 구식 문양의 짧은 금줄에 시계를 매달아 가지고 다닌다는 것을 관찰했다. 책임감을 가장해 보이려는 것이었다.

'플래시 하우스flash houses(*사기꾼이나 매춘부가 드나드는 범죄의 소굴 같은 장소나 상점을 일컫는 말)'에서 나온 하급 사무원들도 그들의 복장으로 알아볼 수 있었다.

딱 붙는 코트, 밝은색 부츠, 기름을 바른 머리, 건방져 보이는 입술. 데스키즘deskism(*포가 만들어낸 단어로 거칠게 번역하자면 '책상주의'라고 할 수 있겠다)이라고 할 수밖에 없을, 그들의 행동거지에서 보이는 말쑥함을 제외하면, 내가 보기에 이 사람들의 태도는 1년이나 1년 반 전에 유행한 기품 있는 외양의 전형을 그대로 복제해놓은 것 같았다. 그들은 상류층의 한물간 우아함을 덮어쓰고 있었던 것이다.[13]

빅토리아시대 중기의 신사들이 착용한 검은 모닝코트와 실크해트는 100년에 걸친 한 시대에 상복을 입혀놓은 것 같은 풍경을 연출했다(1875년경).

턱시도tuxedo : 턱시도라는 이름은 1880년대 말 뉴욕 주州의 턱시도라는 도시의 턱시도 클럽에서
입었던 약식 정찬용 슈트에서 유래한다.

1880년대에 이르면 포가 말한 하급 사무원들의 말쑥한 복장이 대세를 이루면서 오늘날 라운지 슈트라고 알려진, 전체가 한 문양의 옷감으로 된 기장이 짧은 재킷과 하이웨이스트코트high waistcoat(*앞쪽 여밈 부분이 가슴 쪽으로 더 많이 올라온 형태의 웨이스트코트)에 아래로 갈수록 폭이 좁아지는 바지를 입고 볼러해트bowler hat(*보통 중절모라고 부르는 남성용 모자로, 펠트 등을 사용해 윗면을 눌러 움푹 들어간 모양으로 만든다)를 쓰는 차림새가 완성되었다. 라운지 슈트는 좀 더 느슨해진 근대성이라는 의미를 통해 모닝 드레스morning dress(*모닝코트에 실크해트를 쓴, 주간용 남성 정장 차림)보다 넓은 시장을 확보했으며, 더욱 다양한 사회적 함의를 내포하게 되었다. 상인과 사무원부터 성직자, 교사, 언론인에 이르기까지 모든 사람이 입었기 때문에 라운지 슈트의 말끔한 세련미는 훨씬 더 긴 역사적 궤적을 그리며 지속되었고, 이후 여러 세대에 걸쳐 어디서나 볼 수 있게 된 오늘날의 비즈니스 슈트를 유산으로 물려주었다. 하지만 프록코트와 마찬가지로 라운지 슈트에 결부된 다른 요소들은 당대의 물질주의적 충동을 비난하는, 여전히 애도하는 듯한 단조롭고 어두운 분위기를 자아냈다. 라운지 슈트는 전국사무원연맹National Union of Clerks의 회장조차 희화하여 표현한 모습에 잘 들어맞는 옷이었다.

주로 보통 때는 교외 주민들의 첫 번째 희망으로 인식되고, 파업 기간에는 고용주들의 마지막 희망으로서 인식되는 유순한 존재. 그가 자본주의를 위한 전문 직업인다운 유다(*그리스도 교에서 예수를 배반했다고 전해지는 제자로, 제자들 가운데서 회계를 담당했다고 한다)의 인상 말고 다른 어떤 인상을 주었다면, 1페 니에 다섯 개비 주는 담배… 그리고 1기니 방수포에 대한 수 요를 그가 창출했다는 것은 막연한 생각이다.[14]

1912년 변화를 예감한 본드 스트리트Bond Street(*런던의 최고급 상점들이 밀집해 있는 거리)의 테일러 데니스 브래들리H. Dennis Bradley 는 에드워드 시대(*에드워드 7세가 재위한 1901~1910년)의 많은 동시 대인이 지녔던 태도를 다음과 같이 요약했다.

일반적으로 진보를 통해 지금까지의 세계 역사에서 가장 큰 발전을 이룩하리라 기대되는 이번 세기는, 의상 예술에서 퇴 폐적인 시기로 인정되는 한 세기가 유산으로 남긴 비관적인 유행과 어둡고 음울한 색상을 유지하는 데 만족할 것이다. 18세기 남성 패션은 예술적 관점에서 보기에 거의 완벽했다. 그런데 19세기에 들어서는 왜 안구에 분명한 모욕이 될 만큼 흉하게—그 어느 시대에도 상응할 만한 것이 없을 만큼 시대 역행적인 추한 모습이라 할 정도로—퇴락한 것일까…? 각 시 대의 정신과 특성은 그 시대의 복식에 드러난다. 빅토리아시 대에는 산업이 발전했으나 그 시대의 정신은 침울하고 협소하며 한탄스러울 만큼 비非예술적이었다. 당시 테일러에게는 상상력과 창조적 예술성이 부족했다. 그리고 그들이 유용성을 갖추고자 노력하며 제작한 결과물들은 균형과 품격의 감각을 모두 상실했다.[15]

어두운 슈트와 하얀 리넨의 '비즈니스 정장'

19세기 북아메리카에서는 새로 등장한 비즈니스맨과 슈트의 지위에 빠르고 경쾌한 진보를 나타내는 기표로서 더욱 긍정적인 의미가 결부되었다. 그러나 신세계에서조차 날렵하게 다림질된 기성복과 윤이 나게 닦인 구두 그리고 하얗게 빛이 나는 탈부착 가능한 칼라로 상징되는 급격한 변화들은 양가적 감정을 불러일으켰다. 이윤을 향한 돌진, 전원적 가치에서 도시적 가치로의 급격한 전환, 사회적 차별과 남녀차별의 퇴조, 유의미한 육체노동의 감소 그리고 사무원, 관리인, 점원, 재무관 들이 좋아했던 물질주의적 참신함의 물화物化 현상은 복합적인 감정의 혼란을 초래했다. 이 시대 뉴욕의 남성 기성복 산업을 연구한 역사학자 마이클 자킴 Michael Zakim 은 이 새로운 의복에 내재된 생산적인 긴장을 매우 훌륭하게 포착했다.

이 중개인 시민들이 산업화되는 시장과 그 주변에서 성장하는 사회관계에 도입하고자 한 규칙성을—그리고 등가성이란 개념을—가장 실제적으로 표현한 것은 '브로드클로스로 잘 만든' 그들의 획일적인 외관이었다. 그들이 입은, 전색맹全色盲에 걸린 듯한 어두운 슈트와 하얀 리넨으로 구성된 단일 가격의 '비즈니스 정장'이 자본주의 미학을 이루었다. 그것은 이들 개개인이 서로의 '공리주의적인' 핏을 자신의 것으로 인정하는 데 도움을 주었으며, 모든 사람을 그 옆 사람의 복제물로 만들었다…. 이런 그들의 모습은 산업적인 장관을 이루었으며, 그렇지 않았으면 무질서해졌을 상황에 사회적 질서를 가져왔다…. 이 시대는 참으로 기성품의 시대였다.[16]

19세기에 기성복을 입고 일하는 사무원이 뻔뻔스레 신기한 것만을 좇는 애호가이자 근대성의 선구자였다면, 질긴 퍼스티언 fustian(*면으로 된 두꺼운 능직물) 작업복을 입고 일하는 육체노동자의 이미지는 시간이 흘러도 변치 않는 고정관념으로 남았다. 하지만 이 이미지는 슈트가 지닌 물질적 의미와 상징적 의미를 고려할 때 매우 중요한 것이다. 육체노동자들의 거친 차림새는 언제나 여러 면에서 대도시 생활의 짧은 유행에 반대되는—늘 긍정적인 의미인 것만은 아닌—상징으로 남아 있었다. 윤리와 빈곤에 대해 격렬히 논쟁하던 작가들은 빈곤층의 무력함과 황폐한 삶을 드러내는 증거로 '불결한 하층민'의 넝마에 이끌렸다. 새뮤얼 피어슨 Samuel Pearson 은 1882년 출간한 권위적인 예의범절 지침서에서 영국 노동계층

육체노동자들은 필요성, 실용성, 선택 가능성을 통해 행정관리 계층에서 입는 나약해 보이는 복장의 반대편에 섰다(1900년경).

의 지저분한 외모에 주목하며 언급했다.

영국 노동계층의 복장은 프랑스 노동계층에 비해 크게 뒤져 있다. 노르망디에서는 풀을 먹인 말쑥한 흰 모자가 보이지만, 랭커셔에서는 천박한 숄이 보인다…. 남자들의 경우는 훨씬 더 심하다. 하루 일이 끝났을 때도 작업복을 절대 갈아입지 않는 듯하다. 교회나 성당에 다니는 이들은 일요일에 검정이나 다른 어두운 색깔의 슈트를 입지만 그나마도 구겨지고 잘 맞지 않는 경우가 많다. 일요일 말고 다른 날에는 여자건 남자건 제대로 차려입은 노동자를 볼 수 없다. 나는 정치적 회합을 본 적이 있는데, 거기 참여한 사람들은 종일 얼굴이나 옷에 묻은 먼지를 털어내려고도 하지 않았다.[17]

많은 이들이 불량한 복장을 윤리적 태만은 물론이고 범죄성을 드러내는 징후라고 생각했으며, 가난이 불결함에 대한 핑계일 수는 없다고 보았다. 하지만 이와 반대로 다른 한 쪽에서는, 노동자가 입는 질기고 오래가는 기능적인 슈트가 거칠고 억센 낭만성을 획득했다. 노동조합과 노동운동이 확장되는 가운데 퍼스티언과 몰스킨moleskin(*표면이 부드럽고 질긴 면직물)은 웨스트엔드의 세련된 스타일이나 경쟁적인 사무원 계층의 댄디즘 dandyism(*주로 19세기에 세련된 옷차림과 멋들어진 몸가짐으로 타인에 대한 우월함을 과시했던 남성들의 경향이나 사조)에서는 찾아볼 수 없는 무정부적이고 남성적인 진정성을 의미할 수도 있었다. 저널리스트인 제임스 그린우드 James Greenwood는 자신이 1880년대의 어느 성령강림절(*그리스도교에서 부활절 뒤 50일이 되었을 때 기념하는 축일로 보통 5월에 찾아온다)에 햄스테드 히스 Hampstead Heath(*런던 북서부의 고지대로 유원지가 있다)에 갔다가 만난 한 노동계층 철학자에 대해 묘사하면서 에드워드 카펜터조차 보고 즐거워했을 체제 전복적인 광경을 제시하고 있다.

그는 어깨가 넓은 사람이었는데, 철공소 노동자들이 흔히 입는 몰스킨 슈트를 입고 있었다. 전반적인 용모로 판단해볼 때, 그날 아침 작업장에서 나와 마주친 장소로 곧장 온 것 같았다. 그의 옷차림은 아무렇게나 입은 듯했는데, 천성적으로 청결에 신경 쓰지 않는다기보다 의도적으로 겉모습 따위는 경멸한다는 느낌을 주었다. 장화는 끈이 풀리고, 웨이스트코트는 단추가 비뚤게 채워졌으며, 매듭으로 묶인 가느다란 천 조각에 지나지 않는 검정 네커치프neckerchief (*장식이나 보온을 위해 보통 셔츠 칼라 안쪽에 두르는 정사각형의 얇은 천)는 귀밑에 걸려 있었다…. "내가 작업복을 입고 있는 걸 보고 입을 옷이 이것 말고는 없을 거라고 생각하는 것 같은데, 당신 생각은 틀렸어요. 나는 노동자라면 입고 싶어 할 만한 좋은 슈트를 가졌어요…. 몸에 딱 맞게 만든 것이죠. 내가 기성복 '장사꾼 테일러들'을 두둔하는 모습 따위는 볼 수 없을 겁니다…. 그들은 진홍빛 고운 리넨 옷을 입고 좋아라 날뛰며 돌아다니려고, 힘들게 일하는 아들딸들의 살점을 뼈에서 발라내 으깨는 자들입니다…. 나에겐 질 좋은 웨스트오브잉글랜드West of England (*고급 옷감을 생산해온 오래된 기업)의 코트와 조끼가 있어요. 그리고 트위드 바지도 한 벌 있는데 다른 옷보다 질이 좋은 겁니다. 하지만 경멸스러워서 공휴일에 그 옷들을 입지 않습니다…. 난 신발 밑창에서 머리 꼭대기까지 완전히 그 모든 것에 반대합니다. 내가 만약 이런 뚜껑 같은 모자 대신 챙이 달린 높은 모자를 쓴다 해도, 솔질을 잘못하지나 않으면 복 받은 겁니다."[18]

1910년대에는 각각의 뚜렷한 정치적 입장과는 상관없이, 멜턴melton(*두껍고 부드러운 모직물의 일종)을 입은 부호들이나, 브로드클로스를 입은 사무원들, 몰스킨을 입은 노동계층 혁명가들 모두 그동안 고수해온 옷차림에 대한 근본적인 도전을 받아들여야 했다. 1차 세계대전 기간에 남성의 신체는 다시 한 번 군장 규정에 종속되었다. 이 규정들에는 종종 사회적 계층을 드러내려는 명백한 의도가 담긴 반면, 군복의 시각적·심리적 효과를 통해 그러한 차이를 포섭하는 듯 보이기도 했다. 전시 후방 어디에서나 볼 수 있던 카키색 군복은 언제든 곧장 싸우러 나갈 준비가 되어 있음을 의미했으며, 민간 영역과 군사 영역을 가르는 경계선을 그어 놓는 것이었다. 대규모 징병이 실시되자 남성들의 옷차림에는 순응성이 강제될 수밖에 없었다. 그러나 알아볼 수 있는 눈을 지닌 이들 사이에서는 미묘하게 암호화된 서열의 경계선이 여전히 분명하게 그어져 있었다.[19]

전쟁이 발발했을 당시, 귀족과 상류층에서 모집된 장교들은 '상의는 가슴과 어깨가 매우 헐렁하며 허리가 딱 맞고 기장이 허리까지 내려오는 라운지코트'로 하라는 1911년 군인복제령Dress Regulations for Army of 1911에 따라 주문해 맞춘 카키색 군복을 입었다. 이러한 규정 내에서도 오랜 시간 지속되어온, 테일러와 고객 사이에 공유된 취향과 유용성과 개성에 대한 미묘한 이해는 계속되었다. 지그프리드 사순Siegfried Sassoon(*1886~1967, 영국의 군인이자 시인) 같은 인물은 "크레이븐앤선스Craven & Sons에 내가 입을 군복을 주문한 것은 매우 즐거운 일이었으며, 거의 사냥복을 사는 것과 같았다"[20]는 기록을 남길 정도였다. 그러나 하위 중산층과 노동계층의 지원자들은 조잡하게 제작되어 입으면 따끔거리는 훨씬 더 헐겁고 표준화된 튜닉tunic(*군인이나 경찰의 제복 상의)을 지급받았다.

　이러한 사회적 구분은 전쟁이 지속되고 사상자가 속출하면서 허물어졌으며, 남성복의 언어가 발전해갈 수 있는 새로운 영역이 창출되었다. '신사'라는 '전통적' 계층 출신이 아닌 인물들까지 장교로 임관해야 하고, 민간인 자원자들을 동원하거나 대규모 징집 방식을 택하게 되면서 군대 안의 사회적 유동성은 더욱 커지게 되었다. 하지만 여전히 군사적 관례와 남성적 외양 및 사회적 행위에서 신사다운 차별적 특성을 드러내는 상징체계가 지속되었다. 엘리트 계층의 완벽성을 드러내는 새빌 로의 표준적인 맞춤 군복은 그것을 향유할 수 있는 재력과 안목이 있는 사람들을 위해 그대로 유지되었다. 그러나 새로운 종류의 현대식 군대에서는 물론, 남자들이 휴가를 보내거나 소집 해제된 뒤에 계속해서 자신들의 삶을 영위해야 할 민간 영역에서도 군사적인 차별성을 더욱 민주적으로 이해할 필요가 있었다. 그리고 그런 식으로 '민주적'이고 '현대적'인 새로운 군복의 요소들이 전시 및 전후 남성복의 유행과 의류 용품에 스며들었다. 장교들의 복장을 엘리트 계층만이 독점하던 관행을 깨뜨리며 버버리의 트렌치코트처럼 디자인이 훌륭하고 실용적인 옷들이 일상의 옷장과 대중적 상상 속으로 진입했다. 전쟁 포스터와 선전물도 등장하긴 했지만, 1920년대와 30년대의 현대적

1차 세계대전 당시 임관된 장교들의 유니폼은 민간인들의 복장과 마찬가지로 새빌 로의 기준에 따라 제작되었다.

광고 기술 및 이미지에서는 거의 계급 구분이 없고 맵시 있게 기능적이며, 복제하기 쉽고, 청결할 뿐 아니라 일과 여가, 도시와 시골 어디에나 어울리는 잘 훈련된 남성 육체의 이미지를 우선적으로 사용했다.[21]

영국 남성들이 군복과 종교의식의 지침을 따르다

국제적으로 확산된 이러한 경향이 형성된 데는 유럽 아방가르드 디자인의 깔끔한 라인만큼이나 미국의 사회적 가치와 마케팅

징집 포스터(1915). 1차 세계대전 기간에 대다수의 영국 남성들이 군복을 입게 된 일은 의복과 심리에 관련된 심도 있는 함의를 지니고 있었다.

기술이 크게 작용했다. 하지만 특히 영국의 일반 대중시장에서 그 결과로 초래된 변화는 오스틴 리드Austin Reed(1900년 자신의 이름을 그대로 딴 의류업체 설립)와 몬태규 버튼Montague Burton(1903년 의류업체 버튼 설립)을 비롯한 남성복 시장의 거물들이 소매 분야에서 개척한 것이었다. 이를 통해 건강하고 훌륭한 남성성을—진부한 인습의 필수 불가결한 요소를—규정하는 증표로서 슈트를 이해하는 사회적 합의가 도출되었다. 그리고 이러한 남성성의 증표는 1920년대에서 1960년대까지 거의 변함없이 그대로 유지되

버버리의 트렌치코트와 같은 몇몇 군복은 전쟁 이후에도 살아남아 민간인 의복의 중요한 기본 품목이 되었다(1915년경).

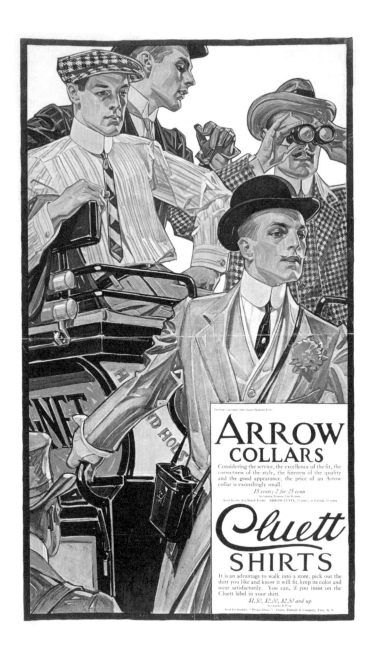

J. C. 레이엔데커Leyendecker(*1874~1951, 미국의 저명한 일러스트레이터)가 뉴욕의 셔츠 제작
사인 클루엣피바디앤컴퍼니Cluett, Peabody & Co.를 위해 제작한 광고 이미지는 20세기 초 댄디즘의
소비주의적 활기를 포착해냈다. 《새터데이 이브닝 포스트Saturday Evening Post》 1910년 10월호.

Model No. 132
Medium Fitting
Double-Breasted Style
The popular
two-button model
Back as shown unless
otherwise ordered

Model No. 130
Medium Fitting Three-Button Style
A notch lapel model for business men
Back as shown unless otherwise ordered

Model No. 131
Medium Fitting Two-Button Style
Notch lapels feature this smart model
Back as shown unless otherwise ordered

Back of all models
on this Page
this Year

20세기 중반 미국의 양복점 카탈로그에서 볼 수 있듯이, 슈트는 사무실이라는 새로운 근무 환경의
모든 지점에서 다양하게 변화하면서 남성성의 표지로 자리 잡았다.

몬태규 버튼은 일반 대중시장을 대상으로 작업하는 테일러로서 20세기 중반 영국의 교외에 사는 중산층 소비자의 의상 목록에 신사복 테일러링의 수사법을 처음으로 도입했다(1960년경).

었다. 규모와 영향력이라는 측면에서 보자면, 슈트 생산과 사회적 태도의 형성에 군사적인 정확성과 도덕적인 강직함 그리고 미묘한 취향을 가장 효과적으로 취합한 사람은 버튼이었을 것이다. 문화사학자인 프랭크 모트Frank Mort는 버튼에 대해 "집단적인 문화적 순응성의—소매업을 통해 고정된, 공유된 남성적 문화의—든든한 이미지"라고 묘사했다.[22] 20세기 중반 내내 버튼은 영국 최대의 남성복 생산자이자 판매자였다. 버튼에서 생산된 의류 라인과 광고에 사용된 이미지는 매장의 분위기와 더불어 비범한 능력을 지닌 이상적인 신사의 모습을 홍보했다.

> 버튼의 신사는… 절대적으로 평범한 정상正常이 됨으로써 사
> 회적 지위를 획득했다. 극적이지도 않고 기이하지도 않으며,
> '괴짜'나 기인이 아닌 그는 자신의 고유한 성품을 지닌 채 안
> 정되어 있었다…. 버튼에서는 판매원들에게 위험한 품목들을
> 피하도록 권고했다. 튀는 색상이나, '스포티하거나 반쯤 실내
> 복 같은 의상', 또는 부드러운 칼라까지도… 버튼의 이상적인
> 남성성은 회사에서 직원들에게 제시한 유명한 제안서 안에 요
> 약 제시되어 있다. 과도한 것은 무엇이든 자제하고 품위 있게
> 피해야 했다. "소득세 징수원 같은 엄격한 스타일과 점쟁이
> 같은 부드러운 말투를 피하라. '차茶 블렌딩 전문가인 퀘이커
> 교도' 같은 품격 있는 스타일을 함양하라. 그것이 바로 중용中
> 庸이다."[23]

바로 이러한 공유된 정서에 고무되어 두 세대에 걸친 영국 남
성들이 군복과 종교의식의 지침에 따라 옷을 차려입었다. 슈트의
발전 과정과 관련된 윤리적, 물질적 전통은 두 번의 세계대전을 거
치면서도 거의 손상을 입지 않고 유지되었던 것 같다. 이러한 사실
로 재보증된 슈트의 전통에서 용기를 얻은 영국의 유명한 디자이
너 하디 에이미스Hardy Amies (1909~2003, 현재의 넥스트Next가 된
맞춤옷 체인점 헵워스Hepworths에서 남성복 라인의 영향력 있는 디

자이너로 활동하기도 했다)는 1954년에 출간된 자서전에서 슈트가 지닌 영속적인 낭만성을 열정적으로 이야기했다.

내가 보기에 우리가 살아가는 방식의 기본 원칙들은 그다지 변하지 않았다. 우리는 여전히 신사나 숙녀가 되기를 바란다. 이제는 더 적은 사람들이 성공을 거둔다 해도, 적어도 이전보다는 더 많은 사람이 시도한다. 그러나 모두가 자신들이 신봉하는 무언가를 보존하기 위해 분투하고 있다. 런던에서는 고등학교나 대학교를 갓 졸업한 젊은이라면 어두운 색깔의 말쑥한 슈트를 입는다. 잘 다려진 바지, 커프스가 달린 재킷 그리고 어쩌면 라펠까지 달린 웨이스트코트로 구성된다. 이 젊은이가 이러한 패션의 디테일을 탐닉하지 않는다 해도 하드칼라hard collar(*딱딱하고 빳빳한 칼라의 총칭)와 볼러해트가 없다면 불편하게 느낄 것이다. 좀 더 대담한 또래의 젊은이는 꽃무늬가 있는 웨이스트코트와 벨벳 칼라가 달린 코트를 뽐낼 테지만, 내가 너무 별스러운 예를 든 것이라면, 독자들은 깜짝 놀라 내 주장을 수긍하지 않을지도 모르겠다. 그러나 우리는 어느 정도 지위가 있는 보통 젊은이라면 진부한 느낌을 주지 않고도 자신이 중요한 사람이며, 삶의 중요한 세부 사항들을 챙기면서 시간을 보낸다는 분위기를 내려 한다는 점은 인정해야 할 것이다. 그의 외모는 다만 한 해에 수천 파운드씩 자산을 늘리면서도 소득세는 파운드 당 1실링만 내고 싶다거나, 자신

하디 에이미스가 해리 로젠Harry Rosen(*캐나다의 유명한 남성복 업체)을 위해 디자인한 슈트
(1974). 회색 글렌 체크glen check 무늬 우스티드를 사용한 이 슈트는 영국적인 스타일 안에서 전
통과 현대가 조화를 이룬다.

은 대가족의 훌륭한 가장이 될 준비가 되어 있다는 희망을 드러내고 있을 뿐인지도 모른다. 그러나 나는 그러한 소망이 그런대로 괜찮은 것이라고 생각한다.[24]

복식 전통을 유지하고자 했던 하디 에이미스의 열정적인 바람은 어떤 면에서는 응답을 받았다. 1960년대와 1970년대에 일어난 사회혁명과 스타일의 변혁이 점잖은 슈트의 헤게모니를 위협했다는 것은 분명한 사실이나, 슈트에 결부된 상징들은 계속해서 영국과 북아메리카의 여러 도시에서 퍼져나갔기 때문이다.

미국에서는 T. 몰로이Molloy가 1975년과 1977년에 각각 출간한《성공을 위한 옷차림Dress for Success》과《성공을 위한 여성들의 옷차림The Woman's Dress for Success Book》이 유명해지면서 슈트가 다시 부흥했다. 몰로이는 이전에 주요 미국 기업들을 위한 이미지 컨설턴트로 일했으며《로스앤젤리스 타임스Los Angeles Times》에 오피스 스타일office style에 관한 칼럼을 기고한 인물이었다. 냉전이라는 편집증과 경제적 불확실성이 지배하던 시대에 그가 제시한 지침들은 본질적으로 보수적인 것이었다. 즉 그의 지침들은 반反문화에 반反하며, '실제 비즈니스 상황들'에서 시장과 상황에 관한 '과학적' 연구 조사를 바탕으로 한 것이었다. 여기에서 밝혀진 사실은 사람들이 옷을 고를 때 자신에게 가장 좋은 것이 무엇인지를 알고 있다는 점이다. 그리고 '고전적'인 슈트와 타이가 결국 옷차림에선 권위의 궁극이라는 점, 즉 앞으로는 '파워 드레싱power dressing'이라 알려지게 될 것이라는 사실이었다. 몰로이의 지침을 따르자면, 세련된 슈트 차림의 남성들은 경쟁에서 한 걸음 앞서가며 모든 포상을 이미 따놓은 셈이었다.[25]

몰로이의 비즈니스 심리학 모델은 스타일을 강조하는 새로운 경향 때문에 수그러들긴 했지만, 적절한 사무 복장에 관한 미국의 영향력은 20세기 말까지 지속되었다. 유명한 패션 저널리스트 G. 브루스 보이어Bruce Boyer는 1985년 남성복의 속성에 관한 대중적 안내서《엘리건스Elegance》를 출간했다. 책에 실린 유려한 목탄 일러스트레이션과 재치 있는 일화에는 월 스트리트Wall Street의 넘치는 에너지와《젠틀맨스 쿼털리Gentleman's Quaterly》및《타운 앤 컨트리 Town & Country》에서 자신에 찬 어조로 요약된 한 시대의 풍미가 포착되어 있다. 이제 경쟁력을 갖추는 데 있어 취향과 차별의 문제는 자조自助를 넌지시 드러내는 것보다 우선하게 되었다.

> 비즈니스 복장은 미묘한 변화를 허용하면서도 조심스러운 획
> 일성을 산출하는, 상호 교체 가능한 일련의 의상들로 구성하
> 게 되어 있다. 색상이 너무 진하거나 문양이 너무 많은 경우,
> 또는 여러 요소가 조화롭지 못할 때는 두꺼비집에 과도한 전
> 력이 걸렸을 때와 같은 일이 벌어진다. 모든 가전제품의 플러
> 그를 한꺼번에 꽂는다면 전력 공급 체계에 과부하가 걸리는
> 것은 예상되는 결과다.[26]

런던에서는 스타일 저널리스트 피터 요크Peter York가 사교계 잡지인 《하퍼스 앤 퀸Harper's and Queen》의 1977년(펑크Punk의 해였으며, 여왕 즉위 25주년이 되던 해) 3월호에 기고한 글에서, 하디 에이미스가 야망에 가득 찬 1950년대 젊은 남성에게 보낸 찬양을 '슬론 레인저 맨Sloane Ranger Man'(*슬론 레인저란 보수적이긴 하지만, 형식에 얽매이지 않으면서도 고급스러운 패션을 추구하는 런던의 상위 중산층 젊은이를 가리킨다)에 대한 묘사와 함께 되풀이하기도 했다. 슬론 레인저 맨은 반동적 상위 중산층 남성으로, 이들의 자신감 있는 자기표현 방식이 20세기 후반에 런던의 패션 경향을 결정하게 된다. 이들의 스타일이 지닌 개인주의적 활력은 몰로이의 결과 지향적 복제물과는 정말 거리가 먼 것이었다. 그리고 그에 대한 날카로운 민족지학적 관찰에 담긴 피터 요크의 상세한 묘사는 보이어의 더욱 자유방임적인 뉴욕 식 접근법에 지역적 색깔을 더한다.

나는 한 여성복 디자이너와 월튼 스트리트Walton Street의 산 마르티노San Martino에 있다. 우리 맞은편 테이블에는 매우 건장한 청년 여덟 명이 있는데, 그들은 모두 핀스트라이프가 들어간 짙은 감색 슈트를 입고 있다. 바지는 턴업turn-up(*바지 밑단을 밖으로 접어 올려 마무리한 것)으로 되어 있고, 발목 쪽은 통이 좁지만 엉덩이 부분은 헐렁하다. 그리고 흰색과 붉은색 또는 흰색과 푸른색으로 된 벵골 스트라이프Bengal-stripe(*보통 같은 굵기의 흰색 줄과 다른 색 줄이 세로로 번갈아 놓인 줄무늬) 셔츠를

휴고 보스Hugo Boss(1985년경). 파워 드레싱이란 개념은 1970년대 중반 이후 일하는 여성의 옷차림만큼이나 남성 슈트의 구조에도 줄곧 깊은 영향을 끼쳤다.

런던이 세계 금융 허브로 변신함에 따라 댄디처럼 변한 1980년대 영국의 슬론 레인저와 영 포기 Young Fogey(*옛 세대의 보수적 가치를 받아들인 젊은이들)는 전통을 열렬히 지지했다. (1985년경)

입고 있다. 그중 두 사람의 셔츠에는 탈부착 가능한 흰색 칼라가 달려 있다. 좀 더 살집이 있고 단조로워 보이는 네 사람은 검정 옥스퍼드Oxfords(*발등에서 끈으로 묶게 되어 있는 단화)를 신었다. 넷 모두 안경을 썼고 변호사처럼 보인다. 나머지 네 사람은 구찌Gucci 로퍼loafers(*끈 없이 편하게 신도록 되어 있는 납작한 단화)를—아무 무늬도 없고, 적색과 녹색으로 된 리본(*구찌의 브랜드 마크)도 달려 있지 않은 로퍼를—신고 있었다. 그들은 바닥을 가로질러 행진하다가 갑자기 차려 자세를 취하기도 하고, 서로를 치면서 법석을 떤다.[27]

요크의 슬론 레인저들은 군복을 입은 나폴레옹전쟁 시대의 댄디와 에드거 앨런 포의 작품에 등장하는 1840년대 한량의 직계 후손이었다. 이들은 모두 군사적인 태도를 보이고 남성복의 디테일에 세심한 관심을 기울이며, 야단법석 장난치는 일에 열중한다는 점에서 쉽게 알아볼 수 있었다. 그리고 그들의 과시하는 듯한 품행은 감리교도 같은 과묵함은 없지만, 그들에겐 종교와도 같은 돈벌이에 적절하게 조율된 것이었다. 통화주의monetarism(*정부의 경제정책에서 조세와 지출을 조절하는 재정정책보다 통화량을 조절하는 통화정책에 주로 의존해야 한다는 기조)와 금융규제 완화는 1980년대와 1990년대 스레드니들 스트리트Threadneedle Street(*런던의 금융 중심가)와 월 스트리트의 정치 및 재정 담론의 탐욕적 기조를 규정할 신자유주의의 도그마였지만, 1970년대엔 아직 덜 눈에 띄는 개념이었다. 하지만 영 포기가 변화의 반대편에 서 있던 것처럼 보인 반면, 슬론 레인저는 변화의 선봉대에 속해 있었다. 요크는 슬론 레인저에 대해 다음과 같이 말한다.

> 늘 돈에 대해 이야기한다(하지만 다른 사람들을 가리켜 저속하게 군다고 말한다). 그건 그들에게 오르가슴을 느끼게 하는 마초적인 주제다. 그러나 그들은 상업이나 제조업 분야에서 일자리 구하는 것을 부끄러워한다…. 이들은 우선 런던으로 간다. 마법의 단어는 바로 로이드Lloyds와 같은 상업은행이다…. 그러나 런던은 이제 그들의 아버지가 왔을 때보다 훨씬 더 경쟁이 심해졌다…. 슬론 레인저는 취업 시장에서 곤란을 겪는다. 그들의 스타일은 불리하게 작용한다.[28]

기성복 슈트, 스마트 캐주얼 복장

빅뱅Big Bang(*런던 증권시장의 국제 경쟁력 강화를 위한 영국 증권제도의 대대적 개혁을 일컫는 말이다)이 일어나 런던이란 도시를 모든 이에게 개방하게 된 것은 8년이 더 지난 1986년의 일이었다. 하지만 그전에 현실에 만족하고 있던 런던의 주민들은 이미 경쟁의 열기를 느꼈다. 이제 더 이상 가족이라거나, 같은 클럽이나 연대 소속이라는 것만으로는 위원회나 거래소에서 자리를 보장받기에 충분치 않았다. 수익성이 좋은 런던의 취업 시장에 새로 진입한 젊은이들은 급격하게 세계화되는 지식 경제라는 맥락에서 기술을 바탕으로 일자리를 얻었다. 이런 맥락에서는 정확한 억양의 영어보다 명석한 전략과 기술에 프리미엄이 붙기 마련이었다.

하지만 슈트는 여전히 그 안에 '맞아들어' 갈 수 있는 능력의 주요 지표로 남아 있었다. 1980년대 런던에서 활동하던 헤드헌터라면 이렇게 주장할 수도 있었을 것이다. "난 단지 제대로 된 줄무늬 슈트를 구매할 수 있는 취향의 사람들을 선발하고 있는 게 아닙니다. 돈을 벌 수 있는, 그것도 많이 벌 수 있는 능력이 있어야 한단 말입니다."[29] 그러나 누구도 아직은 줄무늬 슈트 자체가 퇴조하고 있다고 주장하지는 못했다. 오히려 그와 반대로, 1980년대 말의 로슨 붐Lawson Boom(*재무장관 나이젤 로슨Nigel Lawson의 이름에서 나온 용어로, 통화주의를 포기하고 재정을 방만하게 유지해서 지속적인 인플레이션을 겪었던 1980년대 말 영국의 경제 상황을 이르는 말), 1992년의 환율 조정제도 실패, 1994년의 베어링스 사태Barings scandal(*영국의 베어링스 은행이 싱가포르 지점의 파생 상품 거래에 실패하여 거액의 손실을 기록한 사건으로 베어링스 은행은 이듬해에 파산하면서 세계 금융계에 충격을 주었다)를 모두 관통하면서도 훌륭한 테일러링의 권위는 오히려 커진 것 같았다. 당시 43세였던, 유럽의 주요 은행 한 곳의 영국인 중역은 1993년 3월 《파이낸셜 타임스Financial Times》와의 인터뷰에서 자신의 소비 습관을 이야기하며 외관에 대한 예리한 자의식과 관심을 부지불식간에 드러냈다.

전체적으로 봤을 때 나는 표준 체형인 것 같고, 또 결국 나에겐 작업복에 불과한 옷에 돈을 많이 쓰고 싶지는 않거든요(기성복 슈트를 아주 좋아합니다). 여행을 자주 하는 편인데, 보통 뉴욕에 있는 브룩스 브라더스Brooks Brothers(*미국에서 가장 오래된 남성복 전문업체)에서 슈트를 삽니다. 거기서 한 번에 지출하는 돈은 300파운드(*약 44만 원)에서 350파운드(*약 51만 원) 사이가 될 겁니다. 좀 더 비싼 해켓Hackett의 슈트도 두어 벌 가지고 있는데, 정말 영국 사람처럼 보이고 싶을 때만 입습니다. 셔츠와 타이에 대해서는 더 까다로운 편이에요. 셔츠는 엘리자베스 스트리트Elizabeth Street에 있는 크라이튼Crighton에서 사는데, 그곳 셔츠는 저민 스트리트Jermyn Street의 최고급 셔츠들과 거의 같습니다…. 그리고 좀 화려해 보이고 싶을 때는 개릭 클럽Garrick Club 타이(*개릭 클럽은 영국의 최고급 클럽으로, 1920년대부터 이곳 회원들이 매기 시작한 살구색과 연녹색 사선 줄무늬 넥타이가 유명하다)를 합니다…. 여기에선 상당히 수수해 보이는 슈트를 입어야 하기 때문에 대담하게 화려하거나 혁신적인 시도를 할 만한 여유는 많지 않습니다.[30]

하지만 21세기로 넘어가는 시점에는 다시 모든 것이 변하는 듯 보였을 것이다. 미국의 경영 철학과, 당시에 붐을 이루던 '닷컴dot.com' 분야(*인터넷을 기반으로 하는 새로운 산업 분야를 일컫는 말)의 더욱 자유방임적이고 비非계층적인 구조에 의해 형성된 여러 우량주 회사들이 '드레스 다운 프라이데이Dress Down Friday(*금요일에는 평소보다 간편하게 차려입고 출근하도록 한 정책)'처럼 악명 높은 계획들을 지원하면서 복장 규정을 완화하고 '스마트 캐주얼smart-casual(*캐주얼이긴 하지만 칼라 있는 셔츠에 재킷을 갖추어 입는 옷차림)' 복장을 권장하는 듯 보였기 때문이다. 2000년 9월호《타임Times》의 보조 사설에선 이렇게 복장이 간소화되면서 나타나는 효과에 대해 잡지사 특유의 성격대로 몰아붙였다.

슈트의 질서에 해직 명령이 떨어졌다. 런던 상공회의소에서 실시한 조사에 따르면, 영국 노동자들의 거의 절반이 금요일에는 슈트를 내려놓고 좀 더 편안한 옷을 입고 출근할 만큼 '드레스 다운 프라이데이'는 큰 성공을 거두었다…. 드레스 다운 정책의 지지자들은 캐주얼 복장이 가져다준 자유를 슈트 착용에 깔린 답답한 위계적 복고주의와 비교한다…. 그러나 대부분의 드레스 다운 관련 지침들은 사실상 그러한 자유를 허락하지 않는다. 관련 지침들을 보면 축구팀 유니폼보다는 플레잉 필드 룩playing field look(*폴로나 크리켓 같은 영국의 전통적 운동경기에서 입는 운동복 스타일)의 옷들을 조심스레 추천한다. 복장에 관한 우월 의식이 정말 폐기되었다면, 왜 비즈니스맨이 폴로셔츠를 입는 것은 수용되고… 반짝이는 축구 셔츠를 입는 것은 수용되지 않겠는가…? 폴로가 축구와 유일하게 다른 점은 폴로가 고급 스포츠라는 것뿐이다. 축구는 '감독들의 구역'에 있는 응접실(아주 놀랍게도 그곳에선 다들 슈트를 입고 있다)에 한정되어 있을 때만 비즈니스와 섞일 수 있다.[31]

《타임》의 걱정은 기우였던 것 같다. 그 뒤로 8년이 지나 치노 바지Chinos(*보통 카키색으로 된, 군복이나 작업복처럼 튼튼한 면직물 바지)와 폴로셔츠는 자체적인 도전을 마주했기 때문이다. 2008년 9월 금융 서비스 분야의 거인이었던 리먼 브라더스Lehman Brothers가 파산하면서 대격동이 몰려왔을 때, 텔레비전에서는 돈을 잘 벌던 런던의 일자리에서 갑자기 정리 해고된 은행 직원들이 익숙한 파스텔 색깔의 값비싼 스포츠웨어를 입고서 어디서나 볼 수 있는 종이 상자에 개인용품들을 담아 가지고 나오는 장면을 보여주었다. 사람들이 저당과 저축과 연금을 넣어두었던 민간 기관들에 대한 대중적 신뢰가 붕괴되었음을 가장 훌륭하게 상징했던 것은 바로 그들이 세련된 슈트를 입지 않고 있다는 사실이었다. 제복처럼 획일적이긴 하지만, 슈트는 여러 세기에 걸쳐 신뢰감을 불어넣도록 특수하게 발전해온 옷이었다. 이 점을 명백히 등한시한 것은 분명히 근시안적 조처였으며, 국제 금융 체제의 전망만큼이나 슈트의 미래도 어두워 보였다.

카를 마르크스가 자신의 예지적 연구서 《자본론Capital》(1867)의 제1권에서 생산 활동에 필요한 노동, 상품의 사용 가치, 부르주아 소비사회에서 이루어지는 상품의 물신화, 이 셋 사이의 관계를 논하기 위한 수단으로 한 벌의 코트와 일정한 길이의 리넨을—사무원이 입던 유니폼의 기본 구성 요소들을—선택한 것은 매우 적절한 일이었을 것이다. 캐롤라인 에번스Caroline Evans는 테럴 카버Terrel Carver와 피터 스톨리브래스Peter Stallybrass를 비롯한 여타 정치 및 문화 이론가들과 더불어 근대 이후postmodern, 산업화 이후post-industrial, 금융 위기 이후post-crash 세계의 혼돈 한가운데에서도 코트에 관한 마르크스의 논의가 여전히 타당하다는 점을 알아보았다. 그녀는 결함이 있다고 할 수 있는 마르크스의 복잡한 방정식들을, 비인간화된 시대의 가치 불균형의 증거이자, 유물론에 대한 확신으로 회귀할 것을 요청하는 탄원의 증거로서 제공한다. (슈트라고 읽히는) 마르크스의 코트는 그 재료와 제작, 구입, 착용에 이르는 스펙트럼의 전체성을 구체적으로 표현한 것이다.

마르크스는 어지러운 용어들을 통해, 코트와 리넨과 재단과 직조織造의 주변을 길고 상세하게 맴돈다. 그리하여 그의 이야기 속에서 상품은 그 나름의 생명을 갖기 시작한다…. 그는 사용 가치를 분석하거나, 화학적 방정식으로 표현하거나, 물리적 형성 과정에 따라 묘사하는 등 여러 방식으로 코트와 리넨 둘 모두의 사용 가치를 표현할 수 있다고 계속 주장한다. 그런 뒤에는 그 둘을 차, 커피, 옥수수, 금… 등의 등가물로 치환한다. 현실에선 계산이 맞지 않지만, 마르크스의 생각만큼은 옳다. 이 장의 말미에서 마침내 마르크스는 모든 상품의 가

몰락한 증권 브로커 조던 벨포트Jordan Belfort의 회고록을 바탕으로 제작된 영화 〈더 울프 오브 월 스트리트The Wolf of Wall Street〉에서 벨포트를 연기한 레오나르도 디카프리오(2013). 1990년대와 2000년대 초에 은행권과 대형 금융업계에 갑자기 등장한 비형식적인 복장 규정은 기존의 가치를 버리고 탐욕을 끌어안으면서 2008년 전세계적 위기의 전조를 드리운 바로 그 경로를 그대로 따른 것으로 보인다.

치를 판단할 수 있는 금본위, 곧 화폐를 소개한다.[32]

마르크스가 1848년 〈공산당선언Communist Manifesto〉에서 예견 했듯 "견고한 모든 것은 대기 중에 흩어진다." 마찬가지로 우리 또 한 회사 생활에서 슈트가 사라지는 것을 당연한 귀결로 보려는 유 혹에 빠진다. 그러나 슈트의 유령은 바로 그 견고함 속에서 지속된 다. 에번스는 스톨리브래스가 19세기 의류 거래에서 코트 팔꿈치 부분의 주름을 '추억memories'이라 부르는 관행에 대해 언급한 내용을 환기시킨다. 스톨리브래스는 다음과 같이 말한다.

주름은 그 옷 속에 깃든 신체의 기록이다. 그러나 전당포 주인에게는 모든 주름이… 상품의 가치를 떨어뜨리는 흔적일 뿐이다…. 가난한 이들의 추억은 결국 상실하게 되는 물체에 그렇게 새겨진다. 물체들은 곧 사라질 존재라는 늘 같은 상태에 있기 때문이다.[33]

사회주의 개혁가 에드워드 카펜터는 그러한 예측 불허의 사건을 고대한 반면, 리먼 브라더스의 상품 중개인들은 슈트의 죽음을 애도했을 것이 분명하다. 하지만 양측의 어느 누구도 산업화된 서구에서 근대사회의 근본 '관념idea'으로 현존하는 슈트로부터 달아날 수는 없었다.

2 다른 나라, 다른 슈트

옷차림에 관한 영국의 고전적 취향

패션 디자이너 하디 에이미스는 20세기 말 영국의 수석 테일러이자 왕실 디자이너로서 경력을 마감할 즈음 옷차림에 관한 포켓용 가이드북《영국인의 슈트 *The Englishman's Suit*》를 저술했다. 이 책에는 1920년대 말에 성인이 되어 2차 세계대전에 참전하고, 1950년대에 명성을 확립한 창의적인 한 세대에 결부된, 경솔했던 말과 소문과 기행에 관한 이야기가 가득하다. 또한 대영제국의 몰락과 붕괴, 사회혁명과 성性혁명이 초래한 해악, 더 작아졌지만 더 이해할 수 없게 된 세계를 경험한 한 계층의 편견과 좌절이 은연중에 드러나 있다. 에이미스에게 영국인의 슈트는 그 모든 희망과 우려를 담고서, 포스트모던의 무례하고 급작스러운 침입을 막아줄 보호막이었다.

청년 시절에 나는 프랑스와 독일에서 일하며 열심히 그 나라 말들을 배웠다. 런던으로 돌아와서는 상류층이 사용하는 영어를 익혔다. 20년 동안 일한 끝에 나는 뉴욕에서 아파트를 살 수 있었다. 바로 그곳에서 내 작업은 호주와 일본까지 뻗어 나갔다. 이제는 이 두 나라에 갈 때도 마음이 그다지 불편하지 않다…. 파리에 갈 때와 별반 다르지 않을 정도다. 나는 이제 세계의 크기를 매우 잘 알고 있다…. 나는 격格을 덜 원하기는커녕 오히려 더욱 원한다.《세계인명사전》에는… 2만 8천 명

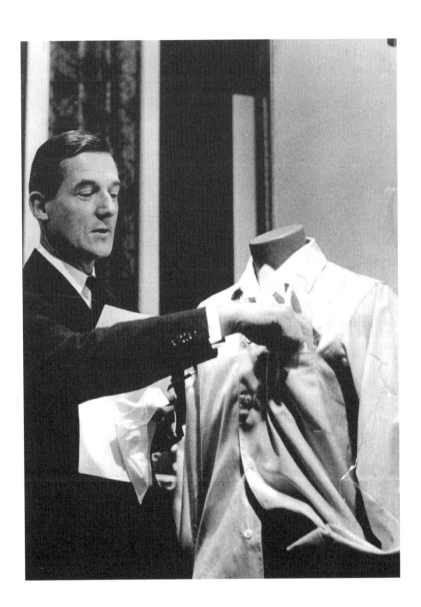

하디 에이미스(1958).

본데 있어 보이는, 편안하고 유행을 거의 타지 않는 영국인의 슈트는 1950년대 중반에 이르러, 이 제는 제국의 영광이 먼 과거의 일이 되어버린 영국인들의 점잖고 절제된 태도를 나타내는 상징물이 되었다.

의 이름이 올라 있다…. 생존해 있는 뛰어난 인물들―격이 있
는 사람들이다. 나는 그들의 수가 늘기를 바란다. 그들의 자
녀들이… 역사를, 특히 자기 나라의 역사를 배우기를 바란다.
정원, 주택, 음식에 대한 취향을 갖기를. 친절과 질서를 존
중하기를. 그리고 '격'이 요구될 때면 계속해서 슈트를 입기
를…. 우리는 더 가난해졌고, 제국을 잃어버린 듯하다. 하지
만 우리에겐 여전히 정직하고 우아하게 삶에 접근하는 태도
가 남아 있다. 우리에겐 여전히 사회의 구조가 남아 있다….
그 정섬에 있는 여왕은 상류층의 방식대로 온전히 잘 길들여
져, 자신의 가족들 중에 어떤 이들이 그 차림새와 행동을 갑자
기 바꾸어버린 모습도 차분히 바라볼 줄 안다. 왕실의 남자들
은 직무를 행할 때 슈트를 입는데, 이는 언제까지나 변함이 없
다.[1]

슈트를 만드는 일에 시간을 되돌리는 힘이 있다고 하는 에이
미스의 믿음에 도전하는 것은 결례가 되겠지만, 그의 글에 깔린 전
제에 이의를 제기하는 것은 또 다른 역사를 만들어내는 일이 될 것
이다. 또 다른 역사 속에서 영국인의 슈트는 (정원과 전원주택 그
리고 온건한 군주정과 마찬가지로) 우월한 한 문명이 이루어낸 주
요 성과라기보다, 지리적으로 분산되어 있고 역사적으로 복합된
범세계적 관계망 안에 있는 훨씬 더 유동적인 관념으로 자리매김
한다. 이번 장에선 그에 합당한 존경심을 갖되 에이미스의 영국인

임대한 실크 가운을 입고 있는 새뮤얼 피프스. 존 헤일스John Hayls, 캔버스에 유채 (1666).

이국적인 상품들을 수입해 팔았던 보스턴의 상인 조셉 셔번Joseph Sherburne은 코스모폴리탄 취향의 완벽한 전형을 보여준다. 존 싱글턴 코플리John Singleton Copley, 캔버스에 유채(1767년에서 1770년경).

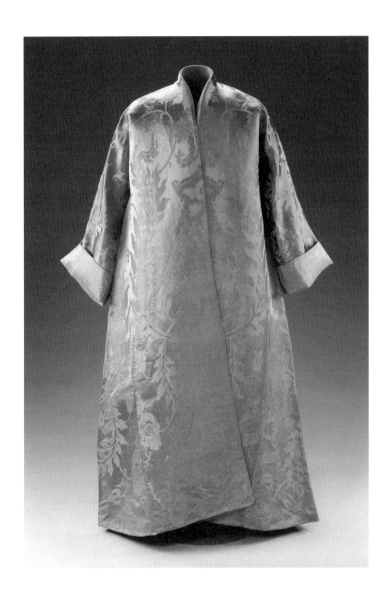

실크 다마스크damask(*앞뒤 양면에 무늬가 드러나도록 두껍게 짠 직물) 반얀banyan(*아랍-인도풍
의 실내용 가운)(1720년에서 1750년경).

의 슈트는 과도한 제국적 주관성이라는 좀약에 맡겨두기로 하고, 여타 지역에서 영국인의 슈트에 상응하거나 그에 반발하여 등장한 의상들을 살펴보고자 한다.

명망 있는 또 한 명의 영국인으로서 영국인의 옷차림에 대해 예리하게 논평한 새뮤얼 피프스가 자신의 복장을 돌아보며 쓴 글에는 에이미스가 지닌 '리틀 잉글랜더Little Englander(*대영제국의 확장을 반대하는 영국인을 가리키던 말)'의 관점을 바로잡을 수 있는 흥미로운 방안이 제시되어 있다. 1661년 7월 초, 피프스는 찰스 2세의 왕정복고 이후 찾아온 한여름 런던의 낙관적인 분위기를 즐기며 마음껏 쇼핑에 몰두했다.

> 오늘 아침 시내를 오가며 서너 가지 물건을 샀다. 집에 필요한 물건들 때문에 최근에는 계속 그래왔다. 내 방에 둘 괜찮은 서랍장 하나와 내가 입을 인디언 가운을 한 벌 샀다. 서랍장은 33실링이었고 인디언 가운은 34실링이었다. 내게 노래를 가르치는 시어도어 굿그룸Theodore Goodgroome과 집에서 식사하고 노래를 부르러 갔다. 그런 뒤에 사무실에 갔다가 집으로 돌아왔다.[2]

떠오르는 재력가이자 영국 해군부Naval Board(*1546년부터 1832년까지 영국 왕립 해군의 행정 전반을 관리한 기관)의 장교로서 괜찮은 직업을 가지고 있던 피프스가 선택한 것들, 즉 서재에 놓을 우아한 가구와 유쾌한 성악 레슨 그리고 '인디언 가운'—품질과 실용성, 새로움과 호화로움, 과장된 연극성이란 요소를 모두 결합한 옷—을 보면 당시 영국 남성이 지닌 소비 습관의 허세가 역력히 드러난다. 그리고 이러한 모습의 몇몇 세부 사항은 몇백 년 뒤에 등장하는 에이미스에게 그대로 되풀이된다는 것도 알 수 있다. 피프스는 세속적이면서도 교양 있는 세련된 인물이었으며, 인디언 가운을 구입해 입음으로써 자신의 성품을 과시할 줄도 알았다. (적어도 친밀한 사람들에게는 그러했을 것이다. 당시에 등장한 초기의 슈트와 달리 이러한 가운들은 일반적으로 집이나 대중목욕탕에서만 입을 수 있었다.) 5년 뒤 피프스는 화가 존 헤일스에게 주문한 초상화에서 자신이 '입고 있는 모습으로 그려질' 다른 인디언 가운 한 벌을 빌렸는데, 전에 산 것보다 호화롭고 적당히 귀족적인 (중국 실크로 만든) 가운인 듯하다.[3]

피프스는 그렇게 흔치 않은 매혹적인 옷차림을 통해 사람들이 부러워하는 위신을 얻을 수 있음을 잘 알고 있었다. 그리고 그가 구입한 상서로운 물품들은 이후 3세기 동안 영국 남성들의 정장 차림의 기풍氣風을 결정했다. 이를테면, 피프스의 선례를 따라 로버트 루이스 스티븐슨Robert Louis Stevenson(*1850~1894, 《보물섬》, 《지킬 박사와 하이드》 등의 작품으로 유명한 스코틀랜드 출신의 영국 소설가)과 섈록 홈즈로부터 새셰버럴 싯웰Sacheverell Sitwell(*1897~1988, 영국의 문학 및 음악 비평가), 노엘 코워드Noël Coward(*1899~1973, 영국의 배우 겸 극작가), 서머셋 몸Somerset Maugham에 이르기까지 실제와 허구의 영국 남성들이 19세기와 20세기 내내 계속해서 격식을 차린 슈트와 느긋한 실내용 가운의 대비對比를 활용했다는 사실에 주목할 필요가 있다.

17세기에 '반얀banyan'이라는 헐겁고 장식적인 실내용 가운을 도입한 것은 어떤 면에서 슈트의 부상을 돋보이게 하는 중요한 배경이자 맥락이 되었다. 우리가 앞서 보았던 것처럼 남성복과 영국의 정치를 관련지어 연구하는 역사학자들은, 전형적인 영국인의 슈트가 처음 등장한 증거를 찾기 위해 1660년대와 왕정복고 시대를 고찰했다. 전형적인 영국인의 슈트란 어둡고 무늬 없는 모직물로 만든 것으로, 통치와 철학 그리고 복식에서 새로운 귀족적 진지함을 상징했으며, 또한 부상하는 영국 국민 특유의 경제와 풍경, 사회적 태도와 결부되었다. 그러나 피프스의 인디언 가운은 슈트에 관한 일종의 반론을 제공하며, 이 반론에 담긴 귀족적인 영국 취향에 관한 지배적인 이야기들은 알비온Albion(*브리튼 섬의 고대 명칭) 경계 너머의 세상에 대한 언급들로 가득 차 있다.

에이미스의 고찰이 잘 보여주듯, 옷차림에 관한 영국의 '고전적' 취향을 설명하는 이야기들은 일반적으로 과시하는 듯한 '코스모폴리탄' 스타일과 '도시' 스타일에 대한 반감과 선천적인 보수성을 강조해왔다. 그리고 그것은 슈트라는 표현 방식에 한정되곤 했다. 1948년 훌륭한 영국 패션 저널리스트인 앨리슨 세틀Alison Settle이 제안한 바에 따르면 "영국 패션이 지닌 특성들 가운데 가장 지속적인 것은 자신을 의식하지 않는다는 것un-self-consciousness이다."

그녀는 이것이 전통적인 영국 생활 방식의 안정성, 곧 '대개 남성들의 활동, 운동경기, 야외 공기, 동물 사랑으로 이루어진, 그리고 언제나 가정家庭과 가정의 위안으로 이루어진' 세계에서 비롯된 것이라고 믿었다.[4]

이러한 향수鄕愁 어린 해석은 그동안 놀라울 정도로 지속되어 왔다. 1996년 스타일 논평가인 피터 요크는 영국 지주계급의 《성경》과도 같은 《전원생활Country Life》에서 같은 말들을 주문처럼 반복했다. "우리는 전통에 가장 능숙하고, 전통의 우세는… 현재 2차 세계대전 이후 그 어느 때보다 두드러진다. 주류 고전들이 얼마나 힘을 얻고 있는지를 보란 말이다!"[5] 그가 말하는 '고전들'에는 저민 스트리트의 셔츠, 근위병의 제복과 크리켓 선수들의 유니폼, 클락스Clarks의 데저트부츠desert boots(*발목까지 올라오는 스웨이드 소재의 부츠) 그리고 랜드로버Land Rover(*지프와 비슷한 영국제 자동차)가 포함되었다. 슈트와 마찬가지로 이들은 모두 바로 알아볼 수 있는 영국적인 '분위기'를 체현한 (그러나 식민지 및 전 세계와 연결된 역사의 흔적도 담고 있는) 남성적 아이콘들이다.

물론 한 국가나 민족의 고유한 스타일을 이렇게 전통주의 입장에서 정의할 때는 정체성의 개념을 고정해버릴 위험이 있다. 의복과 패션을 통해 표현되는 민족성과 국민성에 대한 경험은 영국적인 '고전'의 지속성이라는 구속적拘束的 관념이 암시하는 것보다 훨씬 더 우발적이며 다층적인 사안이다. 오늘날 가장 영향력 있는 학자들 가운데 한 사람으로서 문화, 공동체, 민족의 상충하는 정의들이 불러온 도전에 대해 저술한 스튜어트 홀Stuart Hall(*1932~2014, 문화연구의 창시자로 영국의 대표적 문화이론가)은 20세기 말에 다음과 같이 기술한 바 있다.

> 문화적으로 시민들의 사회적 교제의 비공식적인 우대와 존중
> 을 부여받기 위해서든, 사회복지 수급권과 시민권의 권리를
> 부여받기 위해서든, 단추를 끝까지 채우고 입술을 앙다물고
> 허리를 완전히 졸라맨, 자유인으로 태어난 영국인과 똑같이
> 보고 걷고 느끼고 생각하고 말하는 것이 필수조건이 되어서는
> 안 된다…. 문화적 다양성은 현대 세계에서 점점 더 많이 실현
> 되고 있으며, 민족적 절대주의는 지나간 근대의 퇴행적 특징
> 이 되었다. 그러므로 오늘날의 가장 큰 위험은 문화나 공동체
> 의 폐쇄적 유형들을 채택하고, 차이를 인정하며 함께 살아가
> 려는 데서 일어나는 난제에 얽이지 않으려는 여러 형태의 민
> 족적 정체성에서 발생한다.[6]

비非영국적인 패턴, 형태, 스타일

신화적인 '자유인으로 태어난 영국인'의 역사적 발전과 문자 그대로의 실존에 관해서는 스튜어트 홀과 논쟁할 수도 있겠지만, 그가 이 편협한 고정관념을 규정하고 다양성에 대해 좀 더 개방된

개념을 포용한 것은 슈트와 슈트의 진화가 지닌 문화적 의미를 고려하는 데 매우 적절하다. 슈트를 입는 많은 유형의 영국인들이 非영국적인 패턴, 형태, 스타일에 개입되어 있음을 기리는 동시에 유럽 이외의 문화들에서 슈트가 지닌 중요성을 고려할 때라야, 우리는 적어도 복식사의 특정 형태가 지닌 영국 중심적 경향에서 자유로워질 수 있기 때문이다.

이를테면, 영국이 식민지로 지배하면서 남아시아와 맺어온 오랜 관계는 슈트를 구성하고 장식하며 착용하는 전통적인 방식에 중대한 영향을 끼쳤다. 게다가 피프스는 자신이 선택한 옷을 통해 인도의 관념들을 끌어들인 첫 번째 영국인이 아니었다. 그보다 30년 전에, 인도산産 수입 직물에 대한 열기가 몸을 치장하는 것보다는 집 안 장식에 국한되어 있었을 때, 덴비Denbigh의 1대 백작이었던 윌리엄 필딩William Fielding은 반다이크Van Dyck(*1599~1641, 플랑드르 출신의 영국 궁정화가)에게 터번을 두른 시종과 사냥을 나간 모습으로 자신의 초상화를 그리도록 했다. 그림 속의 그는 찬란한 장밋빛 실크에 가는 금실 세로 줄무늬가 들어간 인도식 파이자마paijama(*인도에서 유래한, 허리와 발목을 끈으로 묶는 헐렁한 바지를 가리킨다)를 차려입고, 영국식 디자인의 하얀 리넨 셔츠를 받쳐 입었다.

전임 국왕 제임스 4세와 찰스 1세의 궁정에서 왕실 의상과 침소를 담당한 윌리엄 필딩 백작은 스타일의 순결을 유지하려는 사람이 결코 아니었다. 오히려 동·서양의 모티프가 창의적으로 융합되어 있는 그의 초상화는 시대를 앞서가며 스스로의 패션을 만들어낸 그만의 차별적인 접근 방식을 잘 보여준다.[7] 발목 부분에서 통이 좁아지는 형태에, 허리는 줄로 묶도록 된 인도의 전통 바지는 19세기 중반에 이르러서야 (주간용 복장으로나 야간용 복장으로나) 영국의 대표적 옷차림이 될 터였다. 하지만 윌리엄 필딩이 이 바지와 함께, 당시의 영국식 더블릿doublet(*중세시대부터 17세기까지 남성들이 셔츠 위에 입던 짧고 꼭 끼는 재킷)을 모델로 하면서도 남아시아의 통기성通氣性을 유지한 코트를 한 벌로 갖춰 입은 모습은 찰스 2세의 궁정에서 영국인의 슈트가 필연적으로 부상하게 되리라는 사실을 뚜렷하게 예시하는 것이었다. 그러나 그것은 화이트홀Whitehall(*관공서가 몰려 있는 영국의 거리 이름)보다는 무굴Mughal(*인도의 황제를 지칭하는 말)의 궁정에서 등장한 것이었다.

18세기 초에 이르면 인도산 직물에 대한 영국인들의 취향은 계층을 막론하고 크게 확산되긴 했으나, 그런 현상은 남성복보다 여성복에서 훨씬 두드러졌다. 그럼에도 필딩과 피프스를 비롯한 여러 남성이 개척한 독특하고 미묘한 패션은 슈트와 결합해 1790년대와 19세기 초의 엘리트 남성복 트렌드에서 계속 유지되었다. 이 시기의 웨이스트코트는 고운 인도산 직물 및 자수와 독특하게 합체된 모습을 보여준다. 멋쟁이 유럽 여성들의 호응을 빠르게 얻고 있던 섬세한 캐시미어 숄을 개조해서 더블브레스트 재킷의 기초를 만들기도 했는데, 숄 장식이 달린 숄의 끝단이 재킷 라펠의 경계를 이루어 어두운 코트 라펠 위에 매우 낭만적이게, 그야말로 바이런Byron 식으로(*바이런은 19세기 초반 영국 낭만주의를 대표하는

찰스 2세가 궁정 복식을 개혁하기 수십 년 전, 덴비의 1대 백작 윌리엄 필딩은 화가 반다이크에게
인도식 파이자마를 입고 있는 자신의 초상화를 그리게 했다. 그가 입은 파이자마는 투피스 슈트의
전조였던 것이 확실하다. 캔버스에 유채(1633).

시인으로 열정적이면서도 파괴적인 사랑을 노래한 작품과 실제 연애 사건으로 유명하다) 달려 있었다.[8]

화려한 현실도피적인 감각 또한 1840년대와 50년대 영국을 비롯한 유럽과 아메리카의 남성용 일상복의 요소들에 만연했다. 이는 슈트가 남성복 세계에 끊임없는 단조로움과 진지함만을 가져왔다는 생각이 허구임을 드러낸다. 매우 흔한 보테boteh(페이즐리paisley라고 하는 나뭇잎 문양)에서 소용돌이치는 공작새 깃털까지 다양한 동양의 모티프를 수놓아 실크 웨이스트코트를 장식하는 경우도 많았다. 그러나 1880년대에 이르면, 이렇게 사치스러운 화려함이 피프스의 가운이 그러하듯 사적인 공간에서 입는 용도로 디자인된 옷에만 한정되는 경우가 많아진 점은 주목할 만하다. 스모킹 재킷(*과거에 남성들이 집 안에서 담배를 피우며 시간을 보낼 때 입었던, 보통 실크나 벨벳같이 부드러운 소재로 된 실내용 가운에 가까운 재킷), 모자와 슬리퍼, 가운과 파자마 표면을 장식한 화려한 인도식 문양들은 신사들의 서재와 의상실을 가득 채운 식민지풍의 온갖 물건들과 잘 어울리긴 했지만, 편안한 집 안을 벗어나 입는 것은 적절치 않아 보였다.[9]

인도의 직물은 공적 영역의 복장에까지 쓰이게 되었지만, 그 화려한 형태는 보통 짙은 회색 서지로 된 모닝 슈트 아래서 보일 듯 말 듯 드러나는 웨이스트코트의 자수 장식에 국한되었다. 19세기 후반부에 복장 및 사회 규율이 더욱 엄격해지면서 남성 정장에 대한 통제도 심해졌다. 이러한 현상은 인도식 모티프가 영국 신사들

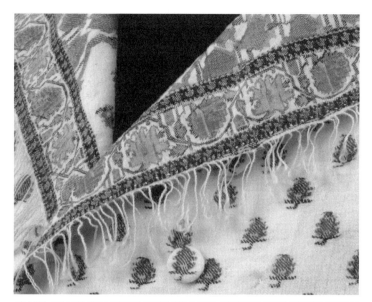

캐시미어 숄이 남성 웨이스트코트에 합체된 예에서 보듯, 대영제국의 흔적은 영국인의 복장에 자주 등장했다.

의 복장에서 뒤로 밀려나게 된 이유를 설명해준다. 그러나 1857년 세포이 항쟁(*세포이라 불리던 인도인 용병들이 일으킨 반제국주의 항쟁) 이후 1876년 빅토리아 여왕이 인도 제국의 황제로 즉위함에 따라 식민지에 대한 대중의 이해에 변화가 생기면서 서양과 동양, 즉 식민지 지배자와 피지배자 사이의 복식 관례와 규범을 더욱 명백히 구분하게 된 것도 하나의 이유였다. 이런 맥락에서 영국 신사의 슈트는 인종주의적 과학 연구와 제국주의적 정책 이론의 영향력을 드러내는 권위를 띠게 되었다. 조지 심스George Sims(*1847~1922, 영국의 저널리스트이자 작가)가 대영제국 수도에서의 생활에 관한 세

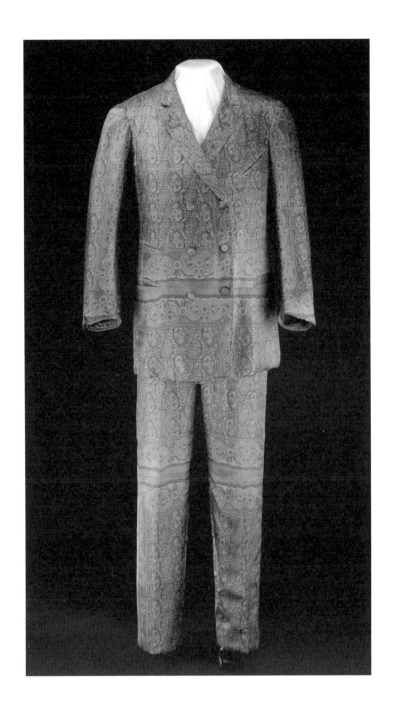

19세기 후반에 이르면 제국적인 호화로움 덕분에 영국 신사의 모닝 슈트나 라운지 슈트의 경계를
넘어서는 복장을 선택할 수 있게 되었다. 무늬가 프린트된 실크 스모킹 슈트(1906).

권짜리 권위 있는 연구서 《살아 있는 런던Living London》을 출간한 1906년 무렵, 둘 사이의 구분이 명백히 드러났다. 심스의 프로젝트에서 암펠트Armfeldt 백작이 '동양Oriental' 주민들을 묘사한 내용은 영국인들의 유보적이고 신중한 태도를 외국인들의 들끓는 듯 열광적인 분위기와 대조시키는 접근법을 생생하게 포착하고 있다.

거무스름한 동양의 아들들을 바라볼 때면, 종려나무와 망고나무가 모여 있는, 모스크와 파고다가 늘어선 풍경을 상상하게 된다. 그들의 기묘한 복장은 런던 거리를 채색하고, 그들의 존재는 멀리까지 가닿는 영국의 무역과 권력을 표상한다. 별 모양의 다이아몬드 반지를 낀 마하라자Maharaja(*인도의 왕을 지칭하는 이름이나 여기서는 부유한 인도인을 가리킨다), 엄숙한 검은 옷을 차려입은 일본인, 웨스트엔드에서 만나게 되는 페르시아 철학자와 파시Parsee(*주로 인도 서부에 분포하는 페르시아계 조로아스터교 신자) 학생은 모두 흥미로운 인물들이다…. 그러나… 가장 희귀하고 특이한 유형의 동양인들을 만나게 되는 곳은… 부두로 향한 번잡한 대로다…. 베이징에서 온 창백하고 누르스름한 중국인의 땋아 늘인 머리는 거의 바닥에 쓸리고, 긴 겉옷은 바람에 펄럭이며, 부드럽고 두꺼운 펠트 신발은 조용히 미끄러지듯 거리를 지나간다. 광둥廣東에서 온 그의 형제는… 선원의 옷을 입고 말끔하게 땋은 머리 위에 커다란 골프 모자를 덮어썼다…. 그리고 기다란 외투에 몸을 감춘

채 잉글랜드의 여름 햇살을 맞으면서도 추위에 떠는 신할라인 Cingalese (*스리랑카 인구의 다수를 차지하는 부족)은 모두 선창이나… 아시아인들이 즐겨 찾는 곳에서 볼 수 있다.[10]

영국의 인도 통치가 절정에 올랐던, 커즌Curzon 경卿 (*1859~1925, 영국 보수당 정치인으로 1899년에서 1905년까지 인도 총독으로 재임했다)의 총독 재임 시기 전후에 해당하는 1890년대와 1900년대부터 인도가 독립하는 1947년까지 대영제국의 복식 규범은 영국인들의 상상 속에서 '이국적으로 변한' 다른 의미들을 띠게 되었다. 그러나 영국 남성의 복장에 흡수되어 유명해진 것 중에 남아시아의 토속적인 기술과 풍부한 공예품만 있었던 것은 아니었다. 또한 영국을 방문한 외국인들의 특이한 모습만 물신화된fetishized 것도 아니었다.

이제 식민지 탐험가들과 관리들이 입던 열대의 '멋들어진' 의상과 번쩍이는 의례용 제복은 인도 아대륙과 그 밖의 변경 지역에도 도입되었다. 여기에는 피스 헬멧pith helmet (*열대지방에서 강한 햇빛을 차단하기 위해 쓰는, 흰색이나 베이지 색의 얇은 천으로 된 둥근 모자)과 가죽 각반에 빳빳한 크림색 리넨 슈트로 구성된 식민주의자들의 꿈이 있었다. 이 환상의 구성 요소들은 제국에서 생산된 상품 광고에 운치를 더했고, 1920년대에서 1950년대까지 소년용 만화책과 로맨스 소설, 멜로드라마 연극과 영화에 항상 등장했다. 심지어 1980년대와 1990년대까지도 데이비드 린David Lean (*1908~1991,

영화 〈군가 딘Gunga Din〉(1939). 제국주의의 도덕적 기반을 둘러싼 의심과 긴장은 종종 옷차림을 이용한 비유적 표현으로 불평등을 강조해 보여주었다. 영화 〈군가 딘〉은 1892년 러디어드 키플링 Rudyard Kipling(*1865~1936, 《정글북》의 작가로 유명한 영국의 시인이자 소설가)이 발표한, 영국 인 주인을 위해 인도인 하인이 자신을 희생한다는 내용의 시 제목을 그대로 사용했다.

〈콰이강의 다리〉, 〈아라비아의 로렌스〉 등을 제작한 유명한 영국의 영화감독)과 머천트 아이보리Merchant Ivory 사社(*제작자 이스마일 머천트와 감독 제임스 아이보리가 공동 설립한 영화사로, 식민지 시절의 인도나 20세기 전반기의 영국을 배경으로 많은 영화를 제작했다)는 영화를 통해 영국 관객들에게 환상을 불어넣었다.[11] 이와 대조적으로 마하트마 간디가 지도하는 인도의 민족주의 운동 진영에서는 소박하고 단순한 옷차림을 장려하였기 때문에 식민지 지배자들의 화려한 허영이 더욱 도드라져 보였다. 역사학자 헬렌 캘러웨이Helen Callaway는 다음과 같이 설명한다.

간디는 인도인들에게 제국의 정부가 그들에게 부여한 모든 영예와 상징을 반납하라고 요구했다. 그뿐 아니라 서구식 복장이나 제국의 통치자들이 '원주민' 의상이라고 지정한 옷들 대신 집에서 손으로 짠 소박한 농부의 옷차림을 입으라고 촉구함으로써 상징적 권위를 무너뜨렸다. 복식의 상징성이 지닌 역설은 민족주의라는 드라마에서 그대로 나타났다. 영국인들은 인도인들 위에 권위를 세우고 유지하고자 화려한 제복을 차려입었지만, 민족주의자들은 빼앗긴 권력을 다시 찾고자 간소한 옷을 입었다.[12]

독립한 인도의 첫 번째 총리였던 판디트 자와할랄 네루Pandit Jawaharlal Nehru는 간디가 옷차림을 통해 표현한 상징적인 비폭력, 불복종에 관한 신념을 발전시켰다. 그러나 그는 그의 멘토처럼 저항적인 로인클로스loincloth(*기저귀와 같은 한 장의 천을 허리에 둘러 샅을 가리는 간단한 옷)를 입는 대신, 네루와 인도국민회의에 속한 동료들은 집에서 짠 카디khadi(기계로 만든 영국산 면직물 수입에 도전하기 위해, 염색하지 않고 집에서 만든 무명천)를 소재로 인도 북부 무슬림 지방에서 부유한 상인들과 법원 공무원들이 입던 카슈

에드워드 7세 시대에 말레이시아에서 식민지 행정관으로 일한 프랭크 스웨트넘Frank Swettenham 경卿. 17세기의 선조들과 똑같이 상징적인 순백색의 열대지방 제복을 입고 으스대는 자세를 취하고 있다. 존 싱어 사전트John Singer Sargent, 캔버스에 유채(1904).

인도를 비롯한 여러 지역에서 반제국주의 운동을 이끈 정치 지도자들은 그 지역의 양식樣式을 이용해 식민 지배에 대항하거나 그것을 개조한 복식 규범을 채택했다. 사진을 보면, 영국인의 슈트에 맞서 네루는 토속적인 셰르와니를, 간디는 손으로 짠 무명천인 카디로 만든 로인클로스를 입고 있다.

미르의 셰르와니sherwani(*길이가 무릎까지 오고 목까지 단추를 채우게 되어 있는 남성 상의)를 맞춤옷으로 개량해 입었다. 1940년대와 50년대에 꾸준히 세련된 모습으로 개선된 '클로즈드 넥 코트closed neck coat'(우르두어語로 반드 갈레 카band gale ka)는 1900년대 초 캠브리지와 런던에서 학창 시절을 보내고 변호사로 활동하던 당시의 네루에게 강요되었던 영국의 복식 규범을 거부하는 것이었을 뿐 아니라, 네루의 모토인 '다양성 속의 일치Unity in Diversity'를 물질로 보여준 것이었다.

네루 재킷이라는 이름으로 서구 대중에게도 널리 알려진 이 옷은 1960년대에 파리의 피에르 가르뎅Pierre Cardin, 런던의 마이클 피시Michael Fish와 두기 밀링스Dougie Millings를 비롯해 당시 유행을 주도한 디자이너들에 의해 주류 패션에 다시 편입되었다는 점에서도 흥미롭다. 하지만 이 디자이너들이 네루 재킷을 해석해서 내놓은 칼라 없이 박스 형태로 된 최신 유행의 재킷은 처음 그것을 개발한 사람이 입었던, 유행을 타지 않는 가볍고 우아한 무릎길이의 의상과는 완전히 다른 것이었다.

중국의 인민복 '마오 슈트'의 정치성

서구 제국주의와 물질주의에 대한 저항을 상징할 수 있는 옷차림을 찾으려는 시도가 인도에서만 진행된 것은 아니다. 정치적 권위를 나타내는 영국의 슈트가 지닌 헤게모니에 가장 강력하고 효과적으로 도전한 것은 아마도 혁명 당시 중국에서 착용을 촉구한 중국의 인민복 '마오 슈트'일 것이다. 원래 20세기 초에 등장하여 '중산좡中山裝'(*쑨원孫文이 일본 망명 시절에 사용해서 유명해진 나카야마中山라는 이름에서 온 명칭이다)이라는 이름으로 알려진 마오 슈트는—청색, 회색 또는 어두운 녹갈색의 면직물이나 모직물 소재에, 앞섶에 다섯 개의 단추가 있고, 네 개의 단추가 상하좌우 대칭으로 달린 재킷과 상자처럼 네모지게 마름질한 바지가 특징인데—일반적으로 '현대 중국의 아버지'라 불리는 쑨원이 만든 것으로 알려졌다. 하지만 그것이 겪은 변화의 과정은 당연히 더욱 복합적인 것이었다.

마오 슈트의 가장 가까운 조상이라고 할 수 있는 옷은 치링원좡企領文裝이라는, 좌우 짝이 맞는 주머니와 스탠딩 칼라가 달린 학생복이었다. 1890년대 일본에 망명해 있을 당시 쑨원은 이러한 형태의 군복 및 교복을 동경했는데, 이 제복은 19세기 말 프로이센의 군복을 연상시키는 옷차림으로 이후 중국의 사상가와 개혁가들은 오랫동안 이 복장을 즐겨 입었다. 그러나 이런 복장에는 공화국 이전의 만주 전통 의상인 (청삼青衫이라고도 하는) 치파오旗袍(*청나라 여성들이 입던 몸에 꼭 맞는 원피스 드레스)와 창산長衫(*청나라 남성들이 입던 긴 재킷)을 본뜬 요소가 있었는데, 이 의상들은 청나라에서 위계질서를 통제하기 위한 수단으로 쓰였던 옷이었다. 그러므로 20세기에 들어서도 국가 공무원들을 비롯한 많은 사람이 이러한

중산창이라고도 하는 고전적인 '마오 슈트'. 상징적인 단순함을 지닌 마오 슈트는 20세기 초 계속된 진화 과정을 거쳐 공산국가 중국의 핵심적인 아이콘이 되었다.

복장을 입는다는 사실은 진보적 혁신을 이루려는 노력으로 볼 수도 있고, 청나라 궁정의 전통이 반동적으로 유지되고 있음을 드러내는 사례로 볼 수도 있다.

그 기원이 어찌 되었든, 1912년 이후 쑨원은 간간이 중산쫭을 입었고, 서구 스타일의 슈트에 넥타이를 매기도 했다. 또 정교한 술 장식이 달린 군복과 중국 유학자들의 전통적인 창파오長袍를 입기도 했다. 1915년 쑨원과 현대식 결혼식을 올린 쑹칭링宋慶齡은 미국에서 교육받고 서구 근대사상을 습득한 교양 있는 여성으로서 그 당시 옷차림의 상징적 의미에 대한 쑨원의 태도에 분명히 영향을 끼쳤을 것이다.[13] 하지만 쑨원이 슈트 착용을 장려하는 데 정말로 영향을 끼쳤던 것은 당시 중국의 혁명 투쟁과 국제정치의 협력관계였다. 1923년 무렵 쑨원은 중국의 혁명을 지원하고 있던 소련에서 온 코민테른Comintern(*1919년 모스크바에서 창설된 국제공산당 Communist International을 이르는 말)의 요원들과 긴밀하게 접촉하고 있었다. 당시에 그는 네 개의 주머니가 덧달린 단순화된 슈트 재킷을 입었는데, 이 옷은 레닌이 국제 공산주의의 유니폼으로 채택하여 1924년 사망 후 방부 처리된 그의 시신에까지 입혀진 것과 스타일이 매우 유사했다. 따라서 쑨원은 자신이 사망하는 바로 전 해에야 자신의 이름이 붙게 될 옷과 불가분의 관계를 맺게 되었지만, 그 옷에는 광범위한 영향을 끼치게 될 인장이 찍히게 된 셈이었다. 실제로 1929년 쑨원의 시신을 매장할 때, '국민당 정부는 모든 공무원이 쑨원의 슈트를 관복으로 입어야 하며, 이로써 혁명의 아버지의

외양을 그대로 본받아 드러내야 한다고 규정했다.'[14]

쑨원을 계승한 장제스蔣介石 정권은 새로운 중국에 관한 비전을 제시하고자 쑨원의 전통적이면서도 현대적인 복장을 더 많이 변형했다. 지도자 자리에 오른 장제스는 군복 스타일을 차용했다. 이는 본질적으로는 중산쫭을 변형한 것이었지만, 가죽 벨트에 권총집을 차고 견장을 단 재킷에, 승마 바지를 입고 부츠와 각반까지 착용하는 복장이었다. 그는 또한 1939년 네루와 회담했던 때나 국제연합 헌장에 서명했을 때, 그리고 방송을 통해 일본의 항복과 2차 세계대전의 종결을 알렸을 때처럼 세간의 이목이 집중된 주요 행사에서는 민간인 복장을 하기도 했다. 그러나 중산쫭에 결부된 공산주의 이미지는 장제스에게 도전이 되었다. 1942년 간디와 회담할 때와 1940년대 후반 공산당 지도부에 패배하여 결별하게 된 기간에 그가 전통적인 창파오를 입었다는 사실은 의미심장하다. 복식 역사학자인 베리티 윌슨Verity Wilson은 이에 대해 "과거 중국 윤리에 대한 그의 충절을 말없이 선언한 것"이라고 말했다. 타이완으로 쫓겨가게 된 1949년 이후에 장제스가 습관적으로 중산쫭을 입고 벨루어 페도라velour fedora(*벨루어는 벨벳처럼 만든 실크나 펠트를 말하며, 페도라는 챙의 끝이 말려 있는 중절모를 뜻한다)를 쓰고 우아한 지팡이를 들었던 것은 아마도 이 슈트가 지닌 정치적 의미가 변질되었음을 지적하는 최후의 힐책이었을 것이다.[15]

그러나 서구에 '마오 슈트'라고 알려진 표준적인 중산쫭이 생산된 것은 의류회사 베이징훙두北京紅都의 톈아퉁田阿桐이라는 전문

마오쩌둥이 가져다 쓰기 전부터, 장제스(전면 왼쪽)는 1928년 이후 중화민국의 지도자로서 중산좡을 국민의 제복으로 장려했다.

테일러가 마오쩌둥 毛澤東 을 위해 중산좡을 개량한 1956년 이후였다. 톈이 영리하게 재단한 '마오 슈트'는 칼라가 더 깊고 넓은 데다 겉면에 아무런 장식이 없어서 우아하고 날씬해 보이는 효과를 줄 뿐 아니라 8억 명의 추종자가 숭배하는 지도자의 선전용 의상으로 적절했다.[16] 또한 마오쩌둥이 쑨원 사망 이후 1930년대 중반 대장정 기간에 전용 轉用 했다는 사실은 이 옷에 신화적인 애국적 성격을 부여했다. 또한 마오 슈트는 선구자적인 실용성을 지녔을 뿐 아니라 (서구와 일본에서 이제는 쇠퇴한 마오 슈트의 전신들은 금세 잊혀지고) 소박한 농민들의 생활과 연계되었다. 재킷 앞쪽에 달린 네 개의 주머니는 전통적인 관시關係의 4원칙인 예禮, 의義, 염廉, 치恥를 상징했으며, 다섯 개의 단추는 공산 정부의 다섯 기관—입법, 행정, 사법, 고시, 감찰—을 나타냈다. 그리고 재킷 소매에 달린 세 개의 단추는 쑨원이 내세운 민족, 민권, 민생이라는 삼민주의三民主義를 상기시켰다.[17] 하나의 옷감으로 만드는 재킷의 순수성은 중국의 일치와 평화를 반영했으며, 그 상징적 단순성은 어떠한 이견도 허용하지 않았다.

2차 세계대전 이후 삼엄하게 통제되는 중국의 환경에서 일반 남자, 여자, 어린이가 선택할 수 있는 복장은 몸에 잘 맞지도 않는 하급 마오 슈트뿐이었다. 젊은이들은 더욱 단순하게 개량한 주머니가 세 개 달린 칭녠좡青年裝(청년복)을 입었고, 1966년부터는 홍위군의 가치와 문화혁명의 목표에 충성을 나타내는 간편한 군복 재킷인 쥔볜좡軍便裝(평상복)을 입었다. 1970년대에 이르면 중국 인민 모두가 실용적이며 절대 변하지 않을 것 같은 이 옷들을 입게 되었다. 패션 전문 기고가인 우쥐안쥐안吳娟娟은 다음과 같이 회상한다.

어디에서나 볼 수 있었던 단조롭고 칙칙한 이 옷들은 사람들의 정치적 배경과 관점의 차이를 은폐하고, 더 넓은 맥락에서 프롤레타리아와 '혁명적 대중'에 대한 국가의 충성을 반영했다. 게다가 실용적인 단순한 디자인과 때가 잘 타지 않는 색상을 쓴 것은 물자가 부족한 시대에 경제적으로 불가피한 일이

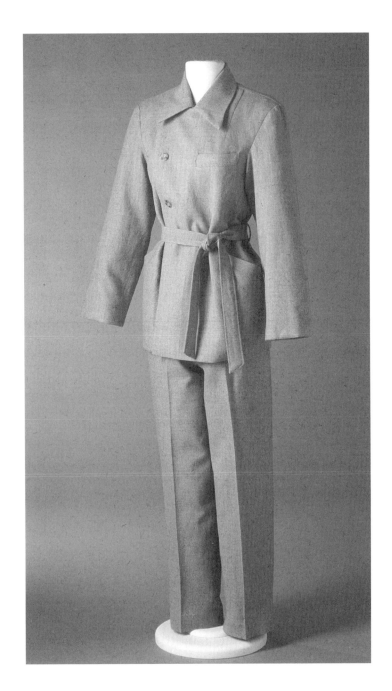

옌안(*延安. 1935년 이래 중국 공산군의 항일·혁명의 중심지가 되었던 중국 산시성 북쪽에 있는 도시)의 공산 혁명군 본부에서 여성들이 입었던 이 모직 슈트는 실용적이면서도 위계의 구분이 없는 작업복으로 공산당의 선전용 영화와 포스터를 통해 홍보되었다.

었다.[18]

마오 슈트가 지향하는 목표는 문화적 기억과 개인의 개별성을 소거하려는 것이었지만, 이는 다만 피상적일 뿐이었다. 마오 슈트가 만들어낸 암흑 속에서도 옛 중국 복식의 유령들을 여전히 분간할 수 있었고, 시험적으로나마 미래의 자유를 상상할 수 있었다. 덩샤오핑鄧小平의 지도 아래 자유화된 1990년대 중국에서는 차츰 남성 지도자들이 서구 스타일의 슈트와 넥타이를 착용했으며, 주요 여성 인사들 또한 그들의 할머니가 입던 맞춤 드레스를 다시 입기 시작했다. 마오 슈트는 이제 보수적인 군인 사회와 전체주의적인 반半마르크스주의 정권 아래 여전히 고생하는 국민들 사이에서 공산주의 시대의 향수를 나타내는 거세된 상징물로 남게 되었다. 베리티 윌슨은 1957년 이후 지금까지 베이징 자금성에 걸려 있는 우상화된 마오쩌둥의 초상화를 통해 마오 슈트가 변함없이 현존하며, '테일러 톈안문의 또 다른 마오 슈트 한 벌은 그 근처의 유리관 속에서 이전 통치자의 시신을 감싸고 있다'는 사실이 상기된다는 점에 주목했다.[19]

여러 면에서 볼 때 인도와 중국의 변형된 슈트는 서구의 헤게모니에 맞선 반작용으로 등장한 것으로, 그 지역의 전통적인 특색과 서구의 스타일을 합체한 것이었다. 반면에 19세기와 20세기 일본에서 남성 슈트가 수용되고 그 지위가 부상하게 된 것은, 분명히 변증법적인 특성을 띠긴 했지만 훨씬 조화로운 모습이었다.

테일러 텐아퉁이 디자인한 마오쩌둥의 슈트는 1966년 이후 문화대혁명의 의상이 되었으며, 유럽
과 북아메리카에서는 전체주의 정치체제의 근본 이미지로 쓰였다.

1860년대와 1870년대에 일본은 봉건사회에서 근대사회로 빠르게 이행했다. 이는 유럽에서 200년이 넘는 세월에 걸쳐 진화해온 슈트라는 복장 안에 간직된 계몽주의enlightenment의 가치를 일본이 거의 모든 분야에서 수용했음을 의미했다. 문화 역사학자인 토비 슬레이드Toby Slade에 따르면, 부富의 축적, 보편적인 문자 보급과 교육 지원 그리고 도시화와 성과주의 정부의 수용 등 자가 개혁을 추진하던 메이지明治 시대 일본의 특징적인 요소들은 거의 모두 일본에서 스리피스 슈트가 "고전적 미학에 대한 믿음을 확실히 긍정하는 증표이며, 사회와 정치의 변혁을 통해 새로운 '근대' 세계가 이룩할 성취를 드러내는 최초의 징후"로서 이해되는 데 기여했다.[20] 어떤 의미에서 보면, 일본에 갑자기 등장한 슈트는 17세기 말 영국에 도입되었던 슈트가 마치 유령처럼 다시 나타난 것이었다.

'이키'의 개념을 재창조한 일본 디자이너들

슈트가 일본에서 수용되어 부상하기 시작한 데는 새롭고 이국적인 스타일에 열광하고 그것을 즉각 흡수하는, 어쩌면 외부 세계의 영향으로부터 늘 지리적으로 멀리 떨어져 있던 나라에서 있을 법한 오래된 문화적 경향이 일조했다. 그리고 후쿠자와 유키치福澤諭吉를 비롯한 여러 작가의 작품들도 큰 영향을 끼쳤다. 그는 외교적 임무를 띠고 1860년대 유럽과 아메리카를 여행했다. 《서양사정

西洋事情》(1866), 《서양의식주西洋衣食住》(1867)처럼 삽화가 들어간 후쿠자와 유키치의 책들은 엄청난 인기를 끌었고, 교육에 목말라하던 독자들에게 여러 서구의 개념을 소개해주었다. 일본인들이 서구의 개념들을 수용하는 과정에서 오해와 불화가 일었던 것은 불가피했다. 서양식 테일러링에 대한 개념을 수용하긴 했으나 너무 급히 실제에 적용한 나머지 부적절한 소재와 색상을 사용하거나 비율을 잘 맞추지 못해 지역적 전통과 취향은 물론 사람들의 생김새와도 충돌을 일으키곤 했다. 이와 동시에, 일본에 선입견을 가졌던 서구에서는 일본이 이토록 빨리 슈트를 수용하고 그것을 수정하는 과정에 대해 일본인들의 모방성이 지닌 '열등성inferiority'이라는 고정관념으로 일축해버렸다. 그러나 일본 사회에 이 새로운 복장이 이토록 빠르게 확산된 것은 돌이킬 수 없는 현실이 되었으며, 20세기 일본 국민의 정체성 및 남성성을 구성하는 데 불안한 영향을 끼쳤을 것이다. 일본의 정치 엘리트 계층에서는 슈트의 도입을 군사적, 경제적, 윤리적 우월성을 차지하기 위한 냉혹한 경쟁에서의 기본 요소로 여겼다.[21]

그러나 이러한 변화에는 17세기 초까지 거슬러 올라가는 일본의 미학적 전통과 당시 교양 있는 일본인들 사이에서 일어난 이키いき(*세련된 운치와 매력이 있음을 나타내는 일본어)에 대한 숭배가 크게 작용했다. 새롭게 부상하고 있던 상인 계층에서는 계층에 따라 차등적으로 적용되는 사치 금지 법령 때문에 자신들의 취향을 교묘하게 드러내도록 권장되었다. 이들은 그 세계에 입문한 사람들

에게만 보이는 멋과, 일찍이 유럽의 댄디즘에서 다양한 방식으로 예시豫示되었던 "덜 꾸밀수록 더 멋지다"라는 금언을 따랐다. 이에 대하여 역사학자 리자 달비Liza Dalby(*1950~, 일본 문화를 연구하는 미국인 인류학자로, 직접 게이샤가 된 것으로도 유명하다)는 다음과 같이 말했다.

화려하게 멋을 내는 것만큼이나 이키에는 돈이 많이 들지만, 이키는 공공연하게 드러나는 것이 아니었다. 편안한 천잠사天蠶絲(*산누에고치에서 뽑은 고급 명주)로 만든—그러나 문양이 들어간, 멋진 노란색 크레이프 crepe(*작은 주름이나 선이 두드러져 있어 표면이 오돌토돌한 얇고 가벼운 직물)로 안감을 댄—짙푸른 줄무늬의 고소데小袖(*통이 넓은 소매가 달린 일본의 전통 상의)의 착용을 금지하기보다는 금실 자수가 놓인 비단옷의 착용을 금지하는 뻣뻣한 사무라이를 회피하는 일이 얼마나 더 나았겠는가…. 이키는 말과 행동을 가려서 해야 하는 현실적 필요성에서 자라났으므로 신중함이야말로 이키의 덕목이 되었다. 그러나 그것은 기성 사회질서의 예禮를 피해가는 멋스러운 신중함이었다. 이키의 에너지는 바로 한 줄기 가느다란 괴벽에 있었다.[22]

1872년 메이지 천황은 서양식 군복이나 프록코트에 톱해트top hat(*실크해트의 다른 이름)와 함께 착용하는 모닝 슈트를 조정 대신들의 공식 복장으로 지정했다. 그리고 그 뒤를 이어 학생들은 프로이센의 군복 스타일의 교복을 입고, 사무원, 회사원, 공무원은 라운지 슈트를 입어야 한다는 식으로 직업에 따라 옷차림을 제한하는 복장 규정이 등장했다. 이렇게 공공 영역에서 요후쿠洋服라 불린 서양 복식이 채택된 일은 자체적인 긴장을 일으켜, 완벽한 이키의 바탕을 이루는 낯설고 괴벽스러운 감각을 장려하는 결과를 낳았다. 패션 역사학자 발레리 스틸Valerie Steele은 "바로 일본 사회의 단일성이야말로 개별적 스타일의 창조적 분출뿐 아니라 단일성 자체의 경계선을 조작하는 또 다른 창조적 스타일을 촉발할 수 있다"고 기술한 바 있다.[23]

메이지 천황에 이어 다이쇼大正 천황과 쇼와昭和 천황을 거쳐 2차 세계대전 이후까지 20세기 일본에서는 슈트가 지닌 근대성 및 그 본질과의 담론이 균열이 생긴 채로 지속되었다. 1920년대와 30년대 모보mobo('모던 보이modern boy'의 일본어식 축약형)와 모가moga('모던 걸modern girl'의 축약형)는 백화점, 영화, 패션 잡지에서 제공하는 개인주의적인 상업적 자유를 내키는 대로 포용한 반면, 사회적으로 보수적이었던 이들은 민족주의적 순수성이라는 메이지 시대 이전의 꿈으로 돌아가려 했다. 이 꿈속에선 서구 소비주의의 열망에 순응하는 것을 유약하고 타락한 것으로 여겼다. 하지만 1940년대 후반 미국이 일본을 점령하자 옷차림에 관한 에너지가 방출되어 대중적 정서를 반대편 극단으로 몰고 갔다. 그 결과 다양한 하위문화가 사회에 수용되었다. 이를테면 아이비리그 스타일Ivy

1890년대 일본의 풍경을 표현한 위의 그림에 잘 드러나 있듯, 메이지 시대 조정 대신들의 공식 복장으로 일본에 도입된 유럽식 모닝 슈트는 전통 복장과 뚜렷한 대비를 이루었다. 토요하라 치카노부豊原周延(*1838~1912, 메이지 시대에 왕성하게 활동한 일본의 유명한 목판화가), 종이에 잉크.

League style(*아이비리그라고 불린 미국 동북부 명문대학 학생들이 주로 입던 캐주얼한 차림의 슈트를 기본으로 하는 스타일)과 브룩스 브라더스의 우아한 멋이 격찬을 받았다. 이는 1965년 하야시다 테루요시林田照慶(*1930~2013, 일본의 저명한 사진작가로 일본 최초의 남성 패션 잡지들을 위해 활동한 것으로 유명하다)가 출간해 전설이 된《아이비를 입어라 Take Ivy》에 집약적으로 표현되었다. 하지만 나름의 법칙이 있던 일본의 복식 생활에 외국 옷들이 빠르게 유입되는 것에 대한 양가적인 감정은 여전히 남아 있었다. 미유키족族(미국 동부 해안 스타일의 유행을 따른 젊은이들)은 섬세하게 조절하여 표현한 취향 때문에 오히려 경찰들에게 괴롭힘을 당하기도 했다.[24]

　　일본에서는 복장을 통해 공공연하게 드러나는 지위와 성격이 놀랍게 질서정연해 보일 만큼 메이지유신의 유산이 가시적으로 남아 있다. 하지만 외부인에게는 그러한 모습이 불안하게 동요하고 있는 듯 보이기도 한다. 역사학자 로버트 로스Robert Ross는 자신이 관찰한 바를 간결하게 표현하고 있다.

　　샐러리맨은… 어두운 색상의 슈트에 흰 와이셔츠를 입고 보수적인 수수한 넥타이를 맨다. '오피스 레이디'는 '깔끔한 회사 유니폼'을 입고, 조직폭력배들조차 복장 규정에 맞는 옷—번쩍이는 슈트와 화려한 넥타이—을 착용한다. 아이들은 아주 어릴 때부터 교복을 입고 등교한다. 아마 이곳 주민들은 세상 어느 곳의 주민들보다 옷차림을 통해 더욱 효과적으로 훈육되

20세기 후반 일본의 '샐러리맨'이 획일적인 슈트에 충성한 것은 19세기 후반 '근대화'의 규제적인
문화유산에서 비롯한다.

야마모토 요지의 꾸밈없이 절제된 비대칭 형태는 오늘날까지 계속 이어진다. 2015년 가을/겨울 컬렉션.

어왔을 것이다. 그렇지 않다면, 잘 조직된 사회의 규율이 적어도 옷차림을 통해 가장 효과적으로 드러났을 것이다.[25]

피프스가 기모노와 비슷한 인도식 가운을 구입했을 때부터 진행된 모든 사건의 경과를 완전히 거꾸로 돌려놓았던 것은 1970년대에 등장해 파리로 옮겨간 신세대 일본인 디자이너들이었다. 이들은 서양인이 압도적으로 많은 관중을 대상으로 이키의 개념을 재창조해냈다. 다카다 겐조高田賢三, 카와쿠보 레이川久保玲, 야마모토 요지山本耀司를 비롯한 일군의 일본인 디자이너들은 '어둠, 빈곤, 비대칭'에 천착하는 절제된 창조성을 추구했다. 이들이 만든 탈중심화된 슈트의 형태와 관념은 거의 실체가 없는 듯한 영적인 모습을 띠면서, 융통성 없이 재단되어 상상력이 결여된 듯한 유럽 슈트에 그늘을 드리웠다. 빳빳하게 다린 흰 셔츠의 목까지 올라오는 단추를 모두 잠가서 금욕적으로 보이기까지 하는 일본식 '디자이너 슈트'는 새빌 로의 '영국식' 슈트에 결여된 고도의 세련미를 만방에 드러내면서 1980년대와 1990년대 건축가, 전위적 영화감독, 광고계 거물 등에게 큰 사랑을 받았다.

지구 반대편에서는 일본의 미니멀리즘이 지닌 지극히 가벼운 금욕주의와는 완전히 다른 포스트-식민주의의 열광이 일었다. 사프SAPE(*'흥을 돋우는 사람들과 우아한 사람들의 모임'을 나타내는 Société des Ambianceurs et des Personnes Elégantes의 약어인데, 사프sape라는 단어 자체는 프랑스 속어로 옷이나 옷차림을 뜻한다)와 이를 따르는 사뢰르Sapeurs가 등장하여 테일러드 슈트를 새로이 전용하면서, 제국의 역사에서 슈트가 차지할 몫의 이야기를 형형색색 다채롭게 마무리 지었다.

콩고공화국의 수도 브라자빌Brazaville과 콩고민주공화국의 수도 킨샤샤Kinshasa의 댄디처럼 멋을 부린 젊은이들은 조셉 콘래드 Joseph Conrad의 소설 《어둠의 심연Heart of Darkness》(1899)을 통해 무섭게 재현된 바 있는 프랑스와 벨기에의 억압적인 제국주의를 몰아낸 바로 그 자리에서 환희에 차올라 상징성을 띤 옷차림으로 만인 평등을 찬양했다. 파리에서 돌아온 망명자들은 1930년대 앙드레 맛수아André Matsoua(*1899~1942, 독립 이전 콩고공화국에서 활동한 영향력 있는 종교인이자 정치인)의 혁명적 사상에 고무되고, 1950년대와 60년대에 번성한 아프리카 음악과 춤의 박애주의에 자극받아 1980년대와 1990년대에 사프 이데올로기의 불꽃이 다시 타오르도록 기름을 부었다. 이제는 세계 어디에서나 익숙해진 대중문화의 한 요소가 된 선명한 색깔, 지나치게 화려한 장신구, 극단적인 머리 모양, 과감한 몸짓과 같은 사뢰르의 자기표현 방식은 지난날의 착취를 자랑스레 꾸짖는 것이며, 자유의 수단을 소유했다는 표시로서 야심찬 스타일을 당당하게 주장하는 것이었다. 사프의 십계명은 (여전히 불완전하긴 하지만) 다음과 같다.

1. 지상의 사람들, 천상의 하느님과 더불어 사프가 되어라.
2. 앉지 말라.

콩고공화국의 유명한 사푀르들이 보여주는 강렬한 색상의 활기찬 댄디즘은 식민주의 유산에 대한 당대의 유쾌한 반격이었다.

3. 어디서나 사프에 영광을 돌려라.

4. 삼원색을 모르는 자, 사폴로지Sapology의 길에 들 수 없다.

5. 땅에서나 바다에서나 하늘에서나 응아야ngaya와 음벤데스 mbendes와 치동고tchidongo를 입으라.

6. 옷과 몸을 모두 청결하게 유지하라.

7. 인종주의자나 종족주의자가 되어 차별하지 말라.

8. 폭력적이거나 오만해지지 말라.

9. (미완성)

10. (미완성) [26]

3 슈트, 유행의 첨단

댄디의 우아한 검정 슈트

1845년 평론가이자 소설가인 쥘 바르베 도르비이_{Jules Barbey} d'Aurevilly(*1808~1889, 댄디로서의 삶의 태도를 통해 동시대 및 후대 예술가들에게 큰 영향을 끼친 프랑스 작가)는 작고한 영국인 댄디 조지 '보' 브러멜_{George 'Beau' Brummel}(*'아름답다'라는 뜻의 프랑스어 형용사 남성형인 보_{beau}는 영어에서 멋쟁이 미남을 가리킨다)이 삶을 위한 철학으로서 우아함에 접근한 방식에 관한 논문을 출간했다. 당시에 댄디즘이라는 주제는 단순히 옷차림의 문제를 넘어서 훨씬 더 많은 문제를 나타내는 것이었다.

> 댄디즘의 문제는 그것을 정의하기 어려운 만큼이나 묘사하기도 어렵다는 점이다. 협소한 관점에서 사물을 바라보는 사람들은 댄디즘이란 옷차림의 문제, 외적인 우아함의 문제일 뿐이라고 생각한다. 댄디는 다만 패션의 지배자일 뿐이며, 치장하는 기술의 대범하고도 절묘한 대가일 뿐이라는 것이다. 이런 생각이 틀린 것만은 아니지만, 거기에는 그 밖에 많은 것들이 관련되어 있는 것도 사실이다.[1]

스코틀랜드에서는 이미 1833년 토마스 칼라일이 장문의 에세이 〈사르토르 레사르투스_{Sartor Resartus}〉(*재再재단된 재단사. 한국에서는 '의상 철학'이라는 제목으로 알려져 있다)를 발표하여 급격히 산업화

1980년대와 1990년대 내내 인기를 끌었던 아르마니의 새로운 슈트들은 부드러운 마름질과 흐르
는 듯한 직물을 사용해 남성과 여성의 신체를 조심스레 다루었다.

되는 공리주의적 세계의 정치적·사회적·미학적 경제에 대해 더욱 폭넓게 성찰하면서, 그 일부로서 자기중심적이며 비정통적인 댄디의 자세를 금욕주의적으로 비판한 바 있었다. 칼라일은 슈트를 만드는 테일러링과 그 용어들을 은유로 사용하여 당시에 부상하고 있던 빅토리아니즘Victorianism(*빅토리아시대의 영국을 지배한 사상과 풍조를 말한다. 개인주의와 자유주의가 고조된 반면 도덕적 이상주의가 만연했다)을 위한 선언문을 제시할 수 있었다. 선언문에는 '개인적 절제, 사회와 개인의 발전, 유용한 존재가 되어 이로운 행동을 하겠다는 참된 갈망과 노고에 대한 명백한 지지'가 담겨 있으며, 이 모두는 종교적 믿음에 커다란 위기가 발생했다는 맥락에서 제시되었다.[2]

프랑스에서는, 섭정 시기 런던의 확신에 찬 새로운 여명 속에서 브러멜과 그의 동아리가 구현한 바 있듯, 구시대적 사고와 행동 방식을 혁명적이고도 실천적으로 공격한다는 댄디즘의 본질적 기능이 한 세대의 보헤미안들을 위한 인위성과 개인주의에 관한 절묘한 담론으로 번역되어 이해되었다. 이 보헤미안들은 1840년의 소요 속에서 프랑스 사회가 무너졌을 때에도 귀족적 엘리트주의가 유지되기를 간절히 원했던 이들이다. 오노레 드 발자크Honoré de Balzac는 1830년에 금언집과도 같은 《우아한 삶에 대하여Traité de la vie élégante》를 출간하여 "의복은 과학이며 예술이고 습관이며 정서다"라고 주장했다. 또한 "부유함은 성취하는 것이지만, 우아함은 타고나는 것이다"라고 단언하며, 댄디즘을 "우아한 삶의 이단異端"이라고 교조적으로 해석함으로써 쥘 바르베를 위한 영역을 확보했다.[3] 샤를 보들레르Charles Baudelaire는《현대 생활의 화가Le Peintre de la vie moderne》(1863)에서 댄디즘의 특성을 묘사하면서 논쟁이 퇴폐적인 결말에 이를 때까지 지켜보았다. 여기에서 칼라일의 '옷을 입는 인간'은 민주정과 평범성의 이미 파악된 황야에서 피어오른 '영웅주의의 마지막 불꽃'이 되어 있었다. 그러한 엘리트주의적인 유보적 태도와 독특하게 음울하고 '차가운 기운'이 근대 댄디즘을 특징지었다. 근대 댄디즘의 '감동하지 않겠다는 확고한 결심(과) … 폭발하여 화염이 되지 않기로 작심한 잠재된 불꽃'은 이후 세대의 작가들과 예술가들에게 하나의 전례를 만들어주었다. 그들은 댄디의 우아한 검정 슈트와 경멸적인 평온 속에서 위험한 무無도덕성amorality을 발견했던 것이다.[4]

댄디의 신조는 J. K. 위스망스Huysmans(*1848~1907, 프랑스의 소설가이자 비평가)의 1884년작《역로À rebours》가 영국 유미주의자들에게 끼친 퇴폐적 영향을 거쳐 19세기 말에 그 출생지로 회귀했다. 1880년대와 1890년대 런던에서는 오스카 와일드Oscar Wilde와 맥스 비어봄Max Beerbohm(*1872~1956, 영국의 에세이 작가이자 풍자만화가)이 복식과 관련된 의류, 취향, 윤리의 문제를 댄디즘과 근대성의 담론 중심에 재배치했다. 이 두 인물은 성 정체성과 계층 그리고 현란하고 교묘하게 치장된 남성 및 여성 의류 사이에 특별한 관계를 성립시켰다. 이는 20세기 댄디즘에 새로운 의미를 부여했으며, 댄디즘의 진화가 시작된 패션과 매혹과 명성의 양가적인 상업적 영역으로 댄디즘을 다시 끌어들였다.[5] 어떻게 해서 슈트가 이러한 논쟁을 담아내는 그릇이 되었으며, 20세기가 경과하는 동안 반란을 위한 복장으로 발전하게 되었을까? 반문화적 도구이자 욕망의 에로틱한 대상으로 변화된 슈트의 단순한 라인은 서로 대립되는 여러 목적을 위해 사용되고 있었다. 슈트를 입는 사람들 중에는 앞 장에서 논한 지배적 헤게모니의 요구에 따라 옷을 입는 것과는 거리가 먼 이들이 있었다. 이들은 오히려 슈트를 스타일의 무기로 사용하고자 했다. (여성, 소수민족, 동성애자, 범죄자를 비롯하여) 가부장제의 중심을 넘어선 공간에서 살아가는 이들은 차이와 분열을 위한 도구로서 슈트라는 권력의 유니폼을 댄디즘의 정신에 합체하고 개조했다.

근대적 슈트가 왕실 궁정과 비즈니스 세계의 순응성을 드러내는 상징물로 처음 도입된 순간부터, 군중으로부터 스스로를 구분지어 두드러져 보이게 행동하는 남성들의 의복과 외양은 상이한 복장 규정에 맞추어 조정되고 있었다. 섹슈얼리티의 역사를 다루는 학자들은 17세기 후반과 18세기 전반이 동성 간의 성행위를 부도덕한 행위로 금지하는 쪽으로 이행한 핵심적인 시기였다고 규정했다. 하지만 이 이행의 시기가 특별한 집단이나 특정한 성향에 한정된 것은 아니었다. 또한 관습을 거스르는 행위와 타고난 정체성이 동성애적 행동과 결부되어 뚜렷이 드러나는 사회적 유형에 대한 통제된 비난에 국한되는 것도 아니었다.[6] 오늘날 우리가 퀴어 하위문화queer subculture라고 부를 수 있는 것이 처음 등장한 시기는 유럽에서 대도시 문화가 피어난 때와 일치한다. 또한 퀴어 하위문

1791년 당시의 관점에서 다시 상상한 1700년대 '보beau'의 모습. 패션과 매너에 대한 저술가들은 18세기 댄디즘의 계보에 매료되었다.

화에서는 근대성을 특징짓는, 성별에 따라 강화된 패션 규범을 특별히 크게 활용했다.

따라서 대략 1700년 이후부터 같은 남성에게 이끌리는 남성들의 행위는 점점 더 (교회와 법률과 사회에 의해) 타락한 것이 되었다. 그리고 자기 정체성을 스스로 규정한, 대체로 '여성적인' 유형들과 결부된 것으로서, 필연적으로 동일한 사회적 배경에서 나오지 않은 것으로 규정되었다. 이러한 남성들이 널리 알려지게 된 것은 사교적이고 성적인 교류에서 주목하는 대상이었던, 남자들로 구성된 사창가(영국에서는 몰리 하우스molly house라고 불렸는데, '몰리'란 여성적이거나 동성애를 하는 남성들을 지칭하는 속어였다)를 불시에 단속했기 때문이었다. 그들은 여자 옷을 입고 현란한 의식을 벌이거나 주류 문화의 결혼식과 혼인 관계를 패러디하면서 의상을 통해 스스로의 특징을 드러내곤 했다.[7] 그 밖에 다른 곳에서는, 특히 귀족층 사교계에서는, 이전 시대라면 성별을 가리지 않고 무차별적으로 치정 관계를 맺으면서도 '탈선'한 사람이라는 고정된 틀에 걸리지 않았을 엘리트들의 음란한 성행위가 새로운 방식으로, 즉 더욱 심하게 단죄하는 방식으로 묘사되었다. 이러한 현상이 생겨난 것은 이들이 범죄자 취급을 받게 된 몰리의 정체성과 위험하게 결부되었을 뿐만 아니라, 문화적 영향력이 증대되고 있던 상인 계층에 의해 가정과 체면에 관한 '고상한' 관념에 순응하라는 압력이 가해졌기 때문이었다. 이런 맥락에서 얌전한 슈트를 입는다는 것은 주류 사회의 규칙과 가치를 고수하겠다는 상징이 되었다.

18세기 초 풍자만화와 소설과 희곡에서는 '폽fop'이라 불리는, 최신 유행으로 격식을 차리고 호화로운 장신구로 절묘하게 꾸미고서 물의를 일으키는 인물을 등장시켜 위협적이지 않고 희화화된 방식으로 표현했다. 1703년에 발표된 토마스 베이커Thomas Baker의 희곡 《턴브릿지 산책로Turnbridge Walks》에서는 메이든Maiden(*처녀나 아가씨를 뜻하는 일반명사이기도 하다)이라는 멋쟁이가 등장해 "나는 절대 추잡한 술집에 다니면서 몽롱한 정신으로 지저분한 이야기나 하는 난봉꾼들과 어울리지 않고, 숙녀들을 방문해 차와 초콜릿을 마신다"고 공언한다.[8] 폽이라 불린 이들은 옛날 식으로 술 마시며 노는 일과 최신 유행으로 고상한 척 체면을 지키는 일 사이에 낀 경계에 존재했다. 하지만 1730년대에는 그들의 허식과 꾸며낸 기품은 점차 일탈 행동과 결부되었다. 점잖은 옷을 입고, 절제된 에티켓을 지키며, 입을 맞추기보다는 악수하거나 허리를 굽혀 인사하고, 진지한 대화를 나눌 것을 요구하는 새로운 남성성의 규정을 지키지 않는 이들은 그 '타자성otherness' 때문에 세간의 이목을 끌었다. 토바이어스 스몰렛Tobias Smollett은 1748년에 발표한 《로더릭 랜덤의 모험The Adventures of Roderick Random》이란 소설에서 선장 위플Whiffle에 대한 묘사를 통해 이런 유형의 인물을 생생하게 재현하고 있다.

늘씬한 젊은이, 테두리에 붉은 깃털이 달린 흰 모자(를 쓰고),

(머리는) 곱슬곱슬하게 뒤에서 리본으로 묶어 늘어뜨렸다. 흰 줄무늬가 있는 분홍빛 실크 코트는 우아하게 마름질된 선을 따라 뒤로 젖혀졌는데, 그 모습이 마치 금실 자수로 장식된 흰색 사틴 웨이스트코트를 드러내 보이려는 듯했다. 웨이스트코트는 위쪽 단추가 풀어져 있어 최고급 캠브릭cambric(*면이나 마로 아주 얇게 만든 옷감) 셔츠와 그 가슴 부분에서 빛나고 있는 석류석 브로치가 보였다…. 진홍색 벨벳 브리치스는 간신히 실크 스타킹에 닿을 만큼만 아래로 내려와 있고, 스타킹은 얼룩이나 주름 하나 없이 푸른색 메로퀸Meroquin 구두에서부터 그의 가는 다리를 타고 위로 올라와 있었다. 구두에 박힌 다이아몬드 버클은 태양과 경쟁이라도 하려는 듯 섬광을 쏘아댔다![9]

위플의 복장은 1770년대 초의 마카로니Macaroni 열풍(*마카로니는 영국에서 여성적이고 과장된 의상을 입고 그러한 말투로 말했던 남성들을 일컫는다)과 결부된, 경계를 뛰어넘는 복장과 놀라울 정도로 가까운 선례를 보여준다. 이것이 바로 매슈 달리Mathew Darly와 메리 달리Mary Darly 부부(*1770년대 영국에서 활동한 부부 인쇄업자이자 풍자만화가)를 비롯한 여러 사람이 발표한 출판물에 포착된 런던 스타일이었다. 이 스타일은 처음엔 찰스 제임스 폭스Charles James Fox의 정치 동아리와 연계된 것이었다. 여기에선 비난을 촉발하는 방식으로 남성들의 여성스럽고 나약한 자세와 극단적인 옷차림을 묘사했으

댄디의 복장을 규정지은 특징은 수수한 색깔, 완벽한 컷, 액세서리 장식으로의 회귀였다.

1760년대와 1770년대의 멋쟁이 젊은이들은 비국교도들과 귀족들이 입은 어두운 색의 슈트와 대비되는 밝고 사치스러운 실크 옷을 선택할 자유가 있었다.

〈발을 끌며 걸어가는 마카로니The Shuffling Macaroni〉, 매슈 달리(1772년 4월).

며, 런던 시내 인쇄소들의 창문은 마카로니를 풍자하는 그림으로 도배되었다. 이들 그림은 '귀족적 정치체제의 합법성에 관하여 질문을 던졌으며, 그와 동시에 경제 영역에서는 여성화된 남성성을 사치와 결부시켰다. 그리하여, 특정한 소비 방식에 대하여 애국심이 결핍되게 만들고 문화와 정치의 리더십이 실패하도록 만든다고 주장하는 비판으로 작용했다.'[10] 1773년 출간된 풍자소설 《마카로니 어릿광대The Macaroni Jester》는 당시에 논란이 된 외모를 명확하게 묘사해놓았다.

그의 코트는 매우 짧은데 허리 부분은 길고 파리채 형태로 마름질되어, 손수건과 코담배 상자를 넣을 수 있는 주머니 하나를 달 여유밖에 없다. 소매는 팔 아래까지 길게 내려오고, 손목 둘레에서 딱 맞게 단추로 채워진다. 그리고 무척 품이 솔아서 호크를 두 개밖에 채울 수 없다…. 웨이스트코트는 사실 그 정도로 짧지는 않지만 완전히 그의 취향에 따라 만들어진 것이다…. 브리치스는 프랑스산産 검정 실크로 만든 것이어야 하며, 블랭킷핀blanket-pin만큼이나 큰 단추들을 채우고 횡격막 바로 아래까지 올려야 한다…. 스타킹은 흰색이나 점박이 무늬가 있는 실크 스타킹을 신어야 하고, 구두의 버클은 발가락 부근에 달려 있어야 한다…. 머리에는 기름을 잔뜩 바르고 파우더를 뿌려야 하며, 곱슬곱슬한 잔머리는 귀 위쪽으로 바싹 붙여야 한다…. 그리고 모자는 아주 작되 템스 강의 거룻배처럼 앞부분이 날카로워야 한다…. 브리치스에 매단 시곗줄은 자잘한 장식이 달린 긴 황금 체인이어야 한다…. 검劍은… 왼쪽 엉덩이 위로 차고, 술이 풍성하게 달린 지팡이는 오른손으로 들어야 한다. 왼쪽 새끼손가락에는 커다란 반지를 껴야 한다…. 이렇게 차려입어야 공원이나 극장에 잘 어울리는 모습이 된다. 그리고 온 세계가 그의 멋진 모습을—마카로니 스타일을—인정하게 될 것이다.[11]

댄디즘의 역설적인 본질을 드러내는 옷차림

근본적으로 제한되어 있는 대도시의 현상에서 너무 많은 것을 읽어내려는 것은 자칫 오해를 일으킬 수 있다. 이 현상의 흔적들은 여전히 의복과 언론 보도의 영역에 남아 있다. 하지만 깜짝 놀랄 만큼 꼭 조이는 맞춤옷 스타일에, 밝은 색상과 두드러지는 장신구가 뚜렷하게 구분되는 남성 집단에 갑자기 등장한 뒤로, 여러 다른 형태의 대중문화를 가로질러 격렬한 환호와 혐오를 동시에 받으며 세상에 알려진 것은 후대에 일어날 하위문화 패션 운동을 예시豫示하는 현상이었다. 그리고 이러한 현상은 복장에 대한 금욕적인 접근 방식을 통해 오늘날 슈트의 확고한 선례를 만들어준 비국교도, 퀘이커, 감리교 신자들의 복장과 품행을 만족스레 왜곡한 거울 이미지를 형성했다. 마카로니의 입장은 물질적인 부와 엄격해 보이

댄디즘이라는 컬트cult의 첫 번째 주인공이었던 보 브러멜의 초상. 출처: 《보와 댄디The Beaux and the Dandies》(1910).

는 복식 규범이 쳐놓은 함정을 전복할 수 있는 방법을 미리 알고서 선보인 것이었다. 마카로니의 세계에서 슈트는 절제와 의무의 초점이 될 수 있었던 것만큼이나 실험과 저항의 본보기로서 강력하게 존재할 수 있었다.

30년 뒤 런던 시내 인쇄소들은 도시의 젊은이들 사이에서 유행하는 패션을 강박적으로 재현한 그림들로 다시 한 번 가득 채워졌다. 하지만 이번에는 '댄디'라는 용어가 선호되었다. 보 브러멜이라고 알려진 조지 브라이언 브러멜은 나중에 바르베를 비롯한 전기傳記 작가들 덕분에 이러한 유행의 부활에서 중심 인물이 되었다. 보 브러멜은 당시의 풍자만화에는 거의 등장하지 않고, 전기적 사실의 관점에서 보자면 비교적 최근까지 그 존재가 가려져 있었지만, 댄디의 패러다임을 형성했다고 할 만한 전형적인 댄디였다.[12]

브러멜은 영국의 총리였던 노스North 경卿(*1732~1792, 영국의 정치인으로 1770년부터 1782년까지 총리로 재임했다)의 개인비서로 일한 아버지 밑에서 1778년에 태어나 이튼 칼리지Eton College(*1440년에 설립된 영국 최고의 사립 중등 교육기관)와 옥스퍼드 대학을 졸업하고 제10경기병대(*1715년 설립된 영국 왕자 웨일스공公 직속의 경기병대)를 거쳤다. 그리고 자신의 이름을 첨단 유행의 대도시 생활양식에 대한 새로운 비전의 동의어로 만들었다. 1798년 그가 군대에서 전역한 때로부터 1816년 수치스런 채무자가 되어 노르망디로 피신할 때까지 브러멜은 섭정 왕자(*정신질환을 앓게 된 아버지 조지 3세를 대신하여 1811년부터 섭정을 하며 화려한 궁정 생활을 영위한 것으로 유명한 조지 4세를 말한다)를 중심으로 형성된 동아리에서 큰 사회적 권력을 지닌 지위에 올랐다. 또한 자신의 외모와 인간관계 및 행동 양식을 세련되게 가꾸어 당시 런던의 엘리트 계층에서도 최고 수준에 이르렀다. 젊은 시절 바르베는, 한때 스타일의 독재자였던 이 인물이 1832년 죽기 얼마 전, 망상에 사로잡힌 더러운 매독 환자가 되었지만 여전히 긍지에 찬 모습으로 캉Caen(*프랑스 서북부 지역의 중심 대도시)의 앙글르테르Angleterre 호텔에서 나오는 모습을 보았다. 그로부터 12년 뒤에 바르베는 이 위대한 댄디의 흥망성쇠를 다시 되돌아보지 않을 수 없게 되었다. 그는 브러멜의 이야기를 패션이라는 좁은 렌즈를 통해 해석하지 말라고 경고했으나, 브러멜이 스스로 발명해낸 자아와 그것을 따라한 남성 스타일에 관한 작가들과 슈트 공급업자들에게 의상이 핵심적으로 중요했다는 사실은 부인할 수 없다.

브러멜의 옷차림에 관한 사실은 그의 삶과 관련된 사실들만큼이나 덧없는 것이다. 하지만, 댄디즘의 역설적인 본질이란 그러한 것이다. 브러멜의 전기를 처음 쓴 사람은 캡틴 W. 제시Captain W. Jesse였는데, 그가 쓴 두 권 분량의 원고는 출간되지는 않았으나 바르베에게 큰 도움이 되었다. 그는 브러멜의 옷차림에 대해 다음과 같이 기록했다.

그의 모닝 드레스는 다른 신사들이 입는 것과 비슷했다. 헤선

Hessians(무릎 아래 술 장식이 달린 군화)을 신고 팬털룬(옅은 색의 섬세한 모직 바지)을 입거나, 톱부츠top-boots(황갈색 커프 장식이 달린 검정색 승마용 부츠)에 벅스킨buckskins(스웨이드로 된 브리치스)을 착용하고 푸른색 코트 안에 가벼운 색상이나 담황색의 웨이스트코트를 받쳐 입었다…. 그의 이브닝드레스는 검은 코트에 흰 웨이스트코트를 입고, 발목에 딱 맞도록 단추가 채워진 팬털룬에 줄무늬 실크 스타킹을 신고 오페라해트(*납작하게 접을 수 있는 톱해트)를 쓰는 것이다.[13]

브러멜이 부츠를 닦는 데 샴페인을 사용했다든가 의례에 가까울 정도로 크라바트 매는 일에 주의를 기울였다든가 하는 전설 같은 이야기를 제시는 자세히 묘사해놓았다. 브러멜의 화려한 삶에 관한 기록이 오늘날까지 전해지는 것은 제시 덕분이다.

브러멜은 신사복에 대한 취향을 되살리고 향상시킨 최초의 인물들 가운데 한 사람이다. 그가 이룬 위대한 혁신은 넥클로스neckcloth(*남성들이 목에 매던 커다란 장식용 천으로 보통 흰색 크라바트를 가리킨다)에서 효과를 발휘했다. 당시 넥클로스는 뻣뻣하게 만들지 않아서 가슴 앞면에 힘없이 늘어졌다가 쭈글쭈글 주름진 채로 턱까지 말려 올라갔다. 이토록 거북하고 불편한 상황을 개선하고자 브러멜은 넥클로스에 가볍게 풀을 먹이곤 했다…. 칼라가… 너무 커서 아래로 접어내리기 전에는 목과 얼굴을 완전히 가렸으며, 하얀 넥클로스는 길이가 30센티 미터가 넘었다. 그가 처음 겨냥한 것은 셔츠의 칼라였다. 그는 칼라를 적당한 크기가 될 때까지 접어 내렸다. 그리고 거울 앞에 서서 천장을 향해 턱을 치켜들고는 아래턱의 위치를 단계적으로 움직여 크라바트에 주름을 잡아 알맞은 모양과 크기로 만들었다. 그런 다음 연속되는 각각의 주름이 셔츠와 완벽하게 조화를 이루도록 모양을 만들었다.[14]

그러므로 브러멜의 옷차림에는 다른 이들의 관습과 구분되는 완벽주의의 요소, 디테일에 대한 집중, 기능적인 정확성 같은 것이 있었을 것이다. 하지만 그 밖에는 눈에 띌 만한 것이 없었다. 브러멜의 옷차림이 남다른 특색을 보였던 것은 본질적으로 그가 자신감을 가지고 자기 외모를 그대로 드러냈기 때문이었다. 슈트의 발전이란 측면에서 그가 남긴 유산은 슈트의 형태보다 슈트를 입는 방식에 관한 것이었다.

그의 자신감은 거울 앞에서만 증명된 것이 아니었다. (그리고 초대받은 청중 앞에 나와 몸치장을 시연하기도 했던, 국왕과의 공개적인 알현식에서만 증명된 것도 아니었다.) 브러멜의 자신감은 댄디로서의 삶의 모든 측면에서 드러났으며, 가장 중요한 점은 도시라는 좀 더 넓은 맥락에서 발산되었다는 사실이다. 회고록 작가이며 한때 브러멜과 가까웠던 캡틴 그로노Captain Gronow(*1794~1865, 군인 출신의 정치인으로 당대에 유명한 댄디였으며,

말년에 자신이 런던과 파리에서 겪은 인물 및 사건에 관한 회고록을 출간하여 명성을 얻었다)는 다음과 같이 회상했다.

인기가 절정에 이르렀을 때 브러멜의 모습은 화이츠 클럽White's Club(*1693년에 설립된 런던 최고의 남성 사교 클럽)의 퇴창退窓에서 볼 수 있었다. 그는 그곳에서 당대의 유명 인사들에 둘러싸여 법률 따위는 내려놓고 그의 특기인 위트 있는 말들을 마음껏 즐기곤 했다. 채플 스트리트Chapel Street에 있는 브러멜의 집은 그의 개성 있는 '의상'에 상응하는 것이었다. 가구는 탁월한 취향을 드러냈고, 서재는 최고 작가들의 작품들로 가득했다…. 지팡이, 코담배 상자, 세브르 도자기(*프랑스 세브르에서 생산되는 고급 도자기를 말한다)는 더없이 훌륭했다. 말과 마차는 눈에 확 띌 정도로 두드러졌다. 사실, 브러멜의 뛰어난 취향은 그가 가진 모든 것에서 발견되었다.[15]

댄디의 신체와 사치스런 소비생활의 물신적 충동에 초점이 맞추어진 새로운 도시적 감성은 슈트가 포즈를 취하기 위한 옷으로 탈바꿈하는 데 분명한 영향을 끼쳤다. 게다가 뒤이어 등장한 새로운 유형의 댄디들은(오스카 와일드와 같은 유미주의자, 브라이트 영 싱Bright Young Thing(*1920년대 런던의 상류층 보헤미안 청년들을 일컫던 말), 뉴 에드워디언New Edwardian(*1950년대 영국에서 에드워드 시대 복식의 영향을 받아 유행한 스타일로 이를 주도한 젊은이들을 테디 보이Teddy

〈화장대 앞에 선 댄디The Dandy at his Dressing Table〉(1818년경).

Boy라 불렸다), 모드Mod(*1960년대에 등장한 좀 더 모던하고 소비적인 스타일과 그것을 따른 젊은이들을 일컫는 말)) 계속해서 슈트를 기본으로 하면서도, 주변에 섞여들기보다 타인들과 구별되어 두드러져 보이는 스타일을 더욱 세련되게 개선해갔다.

오스카 와일드의 댄디즘과 나르시시즘

아일랜드 출신의 극작가, 저술가, 진보적 저널리스트, 유미주의자, 사회 비평가였던 오스카 와일드는 단순히 옷을 잘 입는 사람만은 아니었다.[16] 그러나 의복의 철학적인 측면과 물질적인 측면 모두에서 오스카 와일드의 표면적 외양에 관한 그칠 줄 모르는 관심과 그 정서적 영향력 때문에 그 자신의 독특하면서도 끊임없이 변화하는 개인적 이미지는 '포즈pose'라는 브러멜의 아이디어를 확장시킨 하나의 견본을 제공했다. 19세기 후반 30년 동안 와일드는 이전의 어느 누구 못지않게 슈트에 대한 지배적 관념에 많은 도전을 제기했다. 1874년 옥스퍼드 대학 맥덜린 칼리지Magdalen College에 입학한 다음부터 그는 패션의 영향력에 대해 분명히 의식했다. 학창 시절 초기의 사진 속에 있는 그의 모습은 확실히 학생 '매서masher'(*원래는 호색한을 이르는 말이었으나 댄디나 폼을 속되게 이르는 말로 쓰임)처럼 보였다. 눈에 띄는 대담한 체크무늬 슈트를 입고 볼러 해트를 쓴 그의 옷차림은 당시엔 경마장 노름꾼이나 뮤직홀 추종

자의 이미지였다. 그러나 여기에는 단지 당시의 트렌드를 따르는데 민감했다는 것 말고 다른 의미는 거의 담겨 있지 않았다.

와일드가 대중 앞에 드러나게 된 것은 그가 월터 페이터Walter Pater(*1839~1894, 영국 최고의 문예 비평가로 꼽히는 인물. 허무주의적 심미주의를 역설한 것으로 유명하다)와 존 러스킨John Ruskin(*1819~1900, 영국의 뛰어난 예술 및 사회 비평가이며 사회주의 사상가)의 사상에 빠져드는 한편, 그리스와 이탈리아를 방문하면서 고전 시기 및 르네상스 예술을 예리하게 감상하고 비평하던 시기였다. 1878년에 대학을 졸업하고 런던 사교계와 문단에 등장한 그는 페이터와 러스킨의 이론을 솜씨 있게 각색하여 덜 박식한 대중에게 소개했다. 그는 자기선전과 소통에 타고난 재능이 있었는데, 그 덕분에 오히려 악명이 높아져서 《펀치Punch》 같은 풍자 잡지에서는 그를 '미학 교수'라고 부르며 비꼬았다. 그의 긴 머리와 느슨하게 채워진 셔츠 칼라 그리고 반 르네상스 스타일의 벨벳 슈트는 그 시대 주류의 취향을 거슬렀으며, 풍자화가들의 이목을 집중시켰다.

와일드의 사상과 외모가 그랬던 탓에, 1881년경에 당대 대도시에서 열풍을 일으킨 '유미주의적' 의상과 실내장식 그리고 예술 감상이 길버트와 설리번Gilbert and Sullivan(*1871년에서 1896년까지 14편의 희극 오페라를 공동으로 창작하여 상연했을 만큼 유명한 빅토리아시대의 대표적인 오페라 극작가와 작곡가)의 오페레타 〈인내Patience〉에서 비웃음의 대상이 되었다. 하지만 와일드는 오히려 이러한 상황을 이용하여, 극단적으로 유미주의적인 의상을 입고는 이 오페레타의 미국 및 캐나다 순회공연에 참여했다. 당시에 그는 브리치스에 스타킹과 펌프스pumps(*보통 굽이 높고, 끈이나 걸쇠가 없는 여성용 구두)를 착용하고, 가장자리가 모피로 장식된 오버코트에 다시 망토를 걸치고는 테가 넓은 모자를 썼다. 와일드는 오페레타에 나오는 '창백하고 야윈 젊은이, 초췌하고 호리호리한 젊은이, 무덤에 한 발을 들여놓은 듯 푸르고 누르스름한 얼굴을 한 그로스베너 갤러리Grosvenor Gallery(*1877년 런던에 문을 연 갤러리로 당시 유미주의 운동을 이끈 예술가들의 본거지와 같은 구실을 했다)의 젊은이' 같은 포즈를 취했다. 사교계 사진작가였던 나폴레옹 사로니Napoleon Sarony(*1821~1896, 유명 인사들의 사진을 찍어서 유명해진 퀘벡 출신의 미국인 사진작가)는 적절하게 극적인 초상 사진 시리즈를 통해 와일드의 모습을 불멸의 이미지로 남겼다. 그 사진에 담긴 감상적인 보헤미안 같은 자유분방함은 슈트에 담긴 지위와 명확히 대조되는 것이었다. W. S. 길버트Gilbert가 당시에 어디서나 볼 수 있던 영국 '녀석chap'의 스타일을 간략히 표현한 바를 인용하자면, 그것은 '지팡이와 파이프, 뒤섞인 검정색과 황갈색으로 구성된 진부한 유형'이었다.

다시 런던으로 돌아온 와일드는 콘스탄스 로이드Constance Lloyd와 1884년 결혼해서 첼시Chelsea에 화려한 신접살림을 꾸렸다. 그리고 1880년대 말까지 진보적 잡지인 《여성세계 The Woman's World》의 편집자로서 성공적인 경력을 쌓는 한편, 에세이 작가로서 자신의 재능을 세상에 알렸다. 이 시기에 그는 오페레타 〈인내〉 시절의 긴 머리채와 부드러운 벨벳 의상들을 버리고 사치스러운 (로마제국의 이교도적 윤리 규범을 체제 전복적으로 암시하는) '네로니언' 컬Neronian curls(*네로 황제의 곱슬머리라는 뜻)이라는 머리 모양을 하고 새빌 로의 도시적인 (악명 높은 초록색 카네이션으로 미묘하게 장식한) 맞춤 슈트를 입었다. 와일드가 이런 식으로 재단된 슈트를 통해 자신을 세계시민적인 세련미의 완벽한 전형으로 제시하고, 어느 정도 엘리트주의와 권태로움이 강조되는 브러멜 스타일의 댄디즘에 가까워질수록 이미 소원해진 비평가들과의 관계는 더욱 냉랭해지고 말았다.

1880년대 후반에 이르러, 그간에 와일드가 개인 생활과 작업 활동을 통해 탐험해온 동성애적 욕망은 그 자신의 도덕관념과 무관한 퇴폐주의 소설 《도리안 그레이의 초상The Picture of Dorian Gray》과 문예지 《옐로우북The Yellow Book》(*1890년대 영국의 주요 문예지로 당시 문예사조인 유미주의와 퇴폐주의 운동에 크게 기여했다) 그리고 윌리엄 모리스의 사상을 지지하는 급진적 정치운동에서 반향을 일으켰다. 《사회주의에서의 인간 영혼The Soul of Man under Socialism》(1891)에서는 콘스탄스가 입고 와일드가 언론을 통해 홍보한, 합리적인 리버티 스타일Liberty style(*19세기말 런던의 리버티앤컴퍼니Liberty & Co에서 발전시킨 스타일로, 자잘한 꽃무늬나 식물 문양이 프린트된 옷감을 사용하는 아르누보Art Nouveau 풍의 스타일)의 '안티패션anti-fashion'(*주류 패션에 반대하거나 도전하는 패션)을 통해 의복에 대해 성찰한 내용을 기술했다. 1890년대 초 와일드가 쓴 응접실 희극drawing-room comedy(*응접실

유미주의적 스타일을 모두 갖춘 오스카 와일드. 나폴레옹 사로니(1882).

을 무대로 상류사회를 풍자한 희극 장르)은 최신 유행을 좇는 런던 사교계의 관습을 비추는 거울이 되어, 슈트 같은 예절이란 구속에 압박당하는 인물들을 등장시켰다. 와일드가 미래의 사고에 기여한 바는 체면과 위계에 대한 에드워드 카펜터의 비판에 훨씬 더 가까운 것이었다. 카펜터는 당대의 구속적인 복식 스타일은 물론 서구의 패션이라는 개념 전체를 폐지할 것을 주장했다. 이러한 비판은 1차 세계대전 이후 웨일스 공☆ 에드워드(*1936년 초 왕위에 올랐다가 사랑하는 여인과 결혼하기 위해 같은 해 말 퇴위하여 윈저공이 된 것으로 유명한, 왕자 시절의 에드워드 8세를 말한다)와 그 주변 인물들이 즐겨 입었던, 격식에 매이지 않는 부드러운 플란넬 운동복, 옥스퍼드 백스Oxford bags(*20세기 초반에 영국 옥스퍼드 대학생들이 즐겨 입었던 통이 넓은 바지), 골프복 스웨터는 물론, 20세기 초반 마르크스주의자, 채식주의자, 정신분석학자, 평화주의자 등이 입었던 점잖은 트위드 직물과 수많고 다양한 슈트로 직접 이어졌으며, 1930년대 남성복개혁당Men's Dress Reform Party(*영국에서 의복과 관련된 남성들의 건강 및 위생 상태를 개선하고 남성복의 선택 폭을 넓히려 한 운동 조직)에서 발표한 남녀 공용 스커트와 밝은 색상에 대한 요구에도 직접적인 영향을 끼쳤다.[17]

와일드의 공적인 관심사와 사적인 관심사들 사이의 긴장, 곧 그의 댄디즘을 둘러싼 변증법적 에너지가 1895년에 마침내 폭발했다. 오스카 와일드는 '다른 남성들과 외설' 행위를 벌인 죄목으로 강제노동 및 징역 2년형을 선고받았다. 와일드 자신이 당시 상황을 희곡으로 썼더라면 그가 입은 수의囚衣가 마지막 장에 꼭 맞는 의상으로 생생하게 제시되었겠지만, 그는 이 처벌 때문에 수치심과 육체적 고통으로부터 결국 회복하지 못하고 폐인이 되어 1900년 파리에서 숨을 거두었다. 그 뒤로 수십 년 동안 청교도적인 앵글로-색슨 세계에서는 그의 이름과 작품과 이미지가 '입에 담기조차 힘든 부도덕한 행위'와 결부되었으나, 1950년대부터 평판이 점차 회복되었다. 그의 생애와 작품에 공감하는 영화들이 등장하면서 그의 번득이는 유산을 새로운 세대에 전해주는 데 일조했다. 그리고 1960년대와 1970년대의 반反문화 진영에서는 와일드를 성性과 미학의 혁명가로 해석했다. 1980년대와 1990년대에 이르면 그의 복잡한 성격과 자기모순적인 선언들로 그는 다시 한번 진지한 사유와 연구의 대상으로 주목받게 되었다.

그러한 관심의 일부는 퀴어 연구 분야로 향했고, 외양을 다루는 와일드의 용감하고도 파괴적인 솜씨는 그의 침대에서 일어났을지도 모를 일만큼이나 도발적인 것으로 여겨졌다.[18] 문화사학자 마우리치아 보스칼리Maurizia Boscagli는 다음과 같이 말했다.

댄디의 자기중심적 나르시시즘은 자기희생, 예의범절, 봉사, 책임, 직무로 이루어진 기사도의 가치에 공개적으로 반대 입장에 서 있다…. 중산층에서 사람들의 이목을 집중시키고 추문을 일으켰던 것은 그 어떤 동성애적 에로티시즘의 조짐들보다도 댄디의 무익성無益性, 여성스러운 나약함과 자기도취적

옥스퍼드 백스. 1920년대와 30년대에 영국 대학생들 사이에서 유행한 헐렁한 바지는 당시 중산층 남성복의 체제 순응적 경향에 저항하는 스타일의 신선한 본보기였다.

무위無爲였다.[19]

이러한 의미에서 자신의 복장을 솜씨 있게 다루었던 와일드의 능력과 방식은 그와 같은 세대에 속하는 노동계급 청년 집단이 복장 규정을 교체하고 기성복의 새로운 가능성을 시도하는 데 정력적으로 참여했던 것과 같은 범주에 묶일 수 있다. 지배 계층의 신사적인 규율이나 동료 집단의 압력에서 비롯된 자기 규제 때문에 권리를 박탈당한 신분이 낮은 사람들은—불량한 견습생에서 길거리

깡패들에 이르기까지—'스타일'이 지닌 자기표현과 체제 저항의 가능성들을 두 배는 더 매력적으로 느꼈다.[20] 왕실의 규정과 군복 그리고 비국교도의 신앙을 통해 전수된 고전적 슈트가 엄격한 본보기에 대한 순응성을 재현한 반면, 댄디와 대중문화는 서로 불경스러운 연합을 맺고 또 다른 현란한 버전의 슈트를 창조하여 어둠 속에 세워놓았던 것이다.[21]

악명 높은 주트 슈트의 등장

테일러링의 역사에서 주트 슈트zoot suit보다 화려한 슈트는 이제껏 없었으며, 또 그만큼 대중의 반응이 극단적으로 양분된 슈트도 없었다.[22] 주트 슈트의 기원은 1930년대 후반 미국의 도시 공동체에서 비롯되었지만, 화려한 직물, 밑단을 큰 핀으로 고정한 헐렁하고 주름진 바지, 넓은 어깨에 치마같이 아래로 길게 펼쳐지는 재킷, 선명한 색상과 프린트, 테두리에 장식이 달린 모자와 포마드를 바른 머리, 목 위로 높이 올라오는 칼라와 호사스러운 장신구, 높은 가격 등을 공통 요소로 지니고 있었다. 시카고의 젊은 흑인들의 주장에 따르면 처음으로 주트 슈트를 '모든 끝의 끝'(그래서 Z)으로서 '리트 플리트, 리브 슬리브, 라이프 스트라이프, 드레이프 셰이프reat pleat, reave sleeve, ripe stripe, drape shape'(*주트 슈트의 특징인 주름, 소매, 줄무늬, 형태 앞에 모음이 같은 단어를 넣어 당시 유행하던 재즈 스타

주트 슈트가 일으킨 엄청난 열풍의 대중적 얼굴 구실을 한 캡 캘러웨이(Cab Calloway(*1907~1994,
스캣 창법으로 유명한 미국의 재즈 가수).

일의 운율로 표현한 것)와 함께 대중화시킨 것은 재즈밴드 리더이자
의류상이었던 해롤드 C. 폭스 Harold C. Fox였다.[23]

　　로스앤젤레스에서는 주트 슈트의 악명 높은 이름이 멕시코 출
신의 젊은이들과 더 긴밀하게 연계되었다. 특히 1943년 6월 이른
바 주트 슈트 폭동이 일어난 뒤에 더욱 그렇게 되었다. 미국 군인들
이 주트 슈트 차림을 하고 돌아다니는 사람들에게 여러 차례 난폭
한 공격을 가했고, 이것이 언론을 통해 떠들썩하게 보도되면서 주
트 슈트 자체가 인종 및 성性과 관련된 부정적 함의를 갖게 되었다.
미국 백인 여성들이 멕시코 출신 젊은이들에게 공격당했다는 이유

로 주트 슈트를 입은 사람들을 습격해서 옷을 벗기는 일이 벌어졌고, 양측이 보복 공격을 계속하면서 혼란이 가중되었다. 이런 사태가 일어난 배경에는 복장이 지닌 상징성이 있었다. 반대자들에게 주트 슈트는 전쟁 시기의 부패와 타락을 의미했으나, 그 지지자들에게는 저항과 공동체의 표지가 되었다.[24] 인종차별 철폐의 혁명가인 말콤X의 경우 대중에게 알려진 그의 이미지는 과격한 댄디즘으로 규정되었는데, 그는 자신만의 스타일을 완성하기 20년 전 초기 단계에서 주트 슈트의 도발적인 긴 재킷을 자신의 차별적인 표지로 선택했다.

나는 가장 야성적인 슈트를 입고 뉴욕의 거리를 쓸고 다녔다. 때는 1943년 어느 날, 나는 배우처럼 차려입었다. 야성적인 주트 슈트를 입고 노란 놉토 슈즈knob-toe shoes(*앞코에 다른 색깔의 가죽을 덧댄 구두)를 신었다. 머리를 둥글게 말아서 붉은 덤불 같은(*말콤X는 백인 아버지의 영향으로 머리털이 붉었다) 콩크conk(*1920년대에서 60년대까지 흑인 남성들 사이에 유행한 머리 모양으로 약물을 이용해 곱슬머리를 편 다음 부풀리거나 평평하게 넘기는 형태였다)를 완성했다.[25]

악명 높았던 주트 슈트는 이후에 등장하게 될, 슈트 고유의 점잖고 진지한 본질을 비꼬는 변칙적인 하위문화 슈트들의 선례가 되었다. 전후 시대 런던에서는 주트 슈트가 지닌 전복적인 가능

1940년대 말과 1950년대 초에 유행한 귀족적인 뉴 에드워디언 스타일의 극단적인 우아함은 그 자체만으로 반동적인 댄디즘의 한 형태를 이루었다.

성이 사회계층을 막론하고 상호 경쟁적인 여러 목적에 활용되었다. 그런 전복적 가능성은 꾸민 듯 부자연스러운 뉴 에드워디언 스타일에서 처음 등장했는데, 이는 새빌 로의 맞춤옷 판촉에 기여한 옛 근위병들과 귀족적인 한량들 사이에 일어난 복고적 유행이었다. 그들은 허리가 가는 맞춤옷을 입고는 유틸리티Utility(*2차 세계대전 당시 노동력과 원자재가 부족한 상황에서 영국 정부의 통제 아래 생산·공급된 의복)의 서민적인 헐렁한 복장과 전역한 군인들의 디몹 슈트demob suit를 입었던 대다수 영국 국민들로부터 스스로를 구별했다. 이 스타일에 따라오는 액세서리들—볼러해트와 반짝반짝 윤이 나는 구두, 단단히 감긴 우산—은 군부대 연병장에서 볼 수 있던 통제된 매력을 발산했다. 벨벳 칼라와 턴백 커프스turned-back cuffs(*소매를 끝에서 뒤집은 것처럼 보이게 다는 커프스), 자수로 장식된 웨이스트코트, 티켓 포켓ticket pocket(*재킷의 양옆 주머니 중 보통 오른쪽 위에 달린 작은 주머니), 커버드 버튼covered button(*천이나 가죽 등의 소재로 겉면을 감싼 단추)은 경마장이나 뮤직홀에서 느낄 수 있는 세련된 친밀감을 떠올리게 했다. 하나의 의상 양식으로서 뉴 에드워디언 스타일은 브러멜 식 댄디즘의 전통적 언어를 통해 지적인 엘리트주의를 선언했다.[26]

이와 거의 동시에 북아메리카에서 열풍을 일으킨 주트 슈트의 에너지가 녹아든, 비슷한 의상 실험이 노동계급이 몰려 사는 런던의 남부와 동부에서도 눈에 띄었다. 《매스 옵저베이션 리포트Mass Observation Report》(*매스 옵저베이션은 1937년 설립된, 영국의 영향력 있는 사회 연구조사 기관이다)의 1949년판 편집자들은 런던 중심부 슬럼에 사는 청소년들의 비행을 기록하던 중에 '쿨cool'이라 불리는 새로운 현상과 범죄행위 사이의 연관성을 포착했다.

> 18세가량의 청소년 두 명이 유제품 상점 바깥에 서 있다. 빈 우유병이 담긴 커다란 상자를 서로 나누어 들더니 도로에 내던져 모두 깨뜨린다…. 달아난다…. 그리고 불량배 무리에 섞여든다…. 열대여섯 명 정도 되는데 대부분 옷차림이 무척 현란하다—줄무늬 플란넬 셔츠에 '하우스 코트house coat(*잠옷이나 속옷 위에 걸쳐 입는 긴 실내복)' 스타일의 벨트가 달린 재킷을 걸치고, 커다란 단색 민무늬 넥타이를 느슨하게 매고 있다. 그중 서너 명은 아메리칸 스타일의 챙이 넓은 트릴비trilby(*가운데가 움푹 들어간 펠트 재질의 중절모)를 썼다.[27]

이와 같이 핀스트라이프 옷감, 벨트가 달린 재킷, 밝은 색깔의 넥타이와 화려한 모자로 이루어진, 젊은이들이 좋아한 옷차림은 한결같이 지속되어온 갱스터 영화 스타일에 경의를 표하는 것이 분명했다. 이러한 스타일이 국제적으로 크게 유행했으며, 그것이 유행한 나라마다 1940년대 주트 슈트가 몰고 왔던 것과 같은 윤리적 공황恐慌 상태가 벌어졌다는 사실은 무척이나 흥미롭다. 영국에서는 '테디 보이Teddy Boy'(*로큰롤을 좋아하고, 긴 재킷과 딱 붙는 바지를 입었던 1950년대 영국의 도시 젊은이들)의 드레이프drape 슈트(*긴 재킷에 통이 좁은 바지로 이루어진 슈트)가 그러한 공포를 자아냈고, 냉전 시대 러시아의 스틸리아가Stiliaga라는, 재즈에 심취한 젊은이들의 '반反사회주의적인' 짧고 좁은 바지와 큼직한 재킷이 비슷한 구실을 했다. 체코슬로바키아에서는 파섹Pasek, 헝가리에서는 얌페츠Jampec, 폴란드에서는 비키니아슈Bikiniarz라고 불린 젊은이들 역시 비슷한 우려를 일으켰다.[28] 이탈리아에서는 마초 플레이보이들이 현란한 색상의 슈트를 입고 다니면서 로마와 밀라노의 부르주아적인 환경에 위험한 매력을 퍼뜨리며 사람들을 자극하는 한편, 펠리니Fellini, 안토니오니Antonioni, 파졸리니Pasolini를 비롯한 당대 이탈리아 영화감독들의 상상력에 불을 지폈다.[29]

2차 세계대전 이후 이탈리아와 결부된 특이한 라틴 스타일의 댄디즘은 20세기 슈트 패션의 역사에서 중요한 측면을 이룬다. 미국의 단정한 아이비리그 스타일이나 파리의 말쑥하게 멋을 내는 미네Minet(*원래 새끼 고양이를 나타내는 프랑스어 단어인데, 멋을 내는 젊은이를 가리키기도 한다), 런던의 세련된 모드가 그러했듯이 지역화된 전통을 형성했기 때문이다.[30]

이를 뒷받침한 것은 패션의 유연한 사회적 의미, 그것이 차별성 및 정체성과 맺는 관계 그리고 변화를 수행할 수 있는 진보적 능력에 대해 디자이너들과 소비자들이 교양 있게 이해하고 있었다는 사실이다. 큐레이터이자 예술사 연구가인 제르마노 첼란트Germano Celant(*1940~, 이탈리아의 저명한 비평가이며, 미국 팝아트 중심의 주류 현대 예술에 반하는 가난한 예술, 즉 아르테 포베라Arte Povera 개념을 만들어낸

영국의 테디 보이들이 입었던 드레이프 슈트는 1950년대부터 1970년대까지 아메리칸 스타일을 불러들이는 한편, 향수 어린 뮤직홀의 매력을 환기시켰다. 사진은 요크셔 주洲 해로게이트에서 열린 미국 로큰롤 가수 빌 헤일리Bill Haley(1925~1981)의 콘서트에 온 팬들이 드레이프 슈트를 입고 포즈를 취한 모습.

것으로 유명하다)는 중요한 이탈리아 남성복 디자이너 조르조 아르마니Giorgio Armani에 대해 서술한 에세이에서 이와 같은 의견을 제시하고 있다.

페데리코 펠리니의 〈달콤한 인생La Dolce Vita〉(1960)에서 사제들과 교황청 고위 성직자들이 입었던 로베르토 카푸치

Roberto Capucci(*1930~, 독특한 조형적인 의상을 발표하여 명성을 얻은 이탈리아 디자이너)와 에밀리오 슈베르트Emilio Schuberth(*1904~1972, 1940년대에서 60년대까지 미국과 유럽의 유명 여배우들의 의상을 제작한 것으로 유명한 이탈리아 디자이너)의 의상부터, 미켈란젤로 안토니오니의 〈정사L'Avventura〉(1960)에 나오는 상류층 부르주아지가 입은 검정색 단색 옷들과, 파졸리니의 〈걸인Accattone〉(1961)에서 프롤레타리아계급이 아무렇게나 차려입은 옷차림까지, 당시 영화에서 목격할 수 있던 것처럼 계급 간의 구별을 절대화하는 데서 드러나는 사회적·경제적 분열을 패션이 계속 인정하며 강화할 수는 없었다. 패션은 오히려 차별성을 해체하고, 하나의 대리적인 정체성이 될 단일한 기능을 지닌 복장을 재再발명해야 했다.[31]

피에르 파올로 파졸리니 감독의 문학과 영화 중에 1950년대와 1960년대 초에 일자리를 찾아 이탈리아 북부 도시로 올라온 남부 젊은이들의 차림새에 대해 온정적으로 관찰하는 작품들은, 근대화되어가는 이탈리아의 거리 풍경에서 나타난 독특하고 영향력 있는 남성 패션이 진화해가는 과정을 묘사했다는 점에서 특별한 옛 기억을 떠오르게 한다. 문예이론가 파올라 콜라이아코모Paola Colaiacomo는 파졸리니의 창의적 방식을 정확히 묘사하고 있다.

의상의 촉감, 옷감과 마름질 그리고 여러 단계의 기억과 욕망이 숨어들고 합쳐지는 의류 세계 전체로 관심이 향한다. 한편으로 육체는 의상을 바깥으로 밀어내면서 거의 극한에 이르도록 늘리는 듯 보인다…. 다른 한편으로는, 온갖 방식으로 육체에 강박적으로 적용되는 새로운 물신들 속에는 억누를 수 없이 과시되는 타자성alterity이 있다.[32]

1953년에서 1975년 사이에 출간된 이야기들에서 파졸리니는 여러 차례 이탈리아 프롤레타리아계급의 복장이 지닌 열광적인 근대성과 내재된 폭력성으로 회귀했다. 그러나 그가 사용하는 인상적인 언어와 이미지는 그것과 현저하게 대조되는 기품 있는 스타일로 나타났으며, 그 스타일 안에서 미국적인 새로움과 전통적인 가치가 끊임없이 긴장을 이루었다. 그리고 이러한 긴장은 앞코가 뾰족한 구두와 몸에 딱 맞는 순백의 셔츠, 실험적인 색조와 어디에나 있는 기성복 투피스 슈트 안에서 잘 연마된 우아함과 상스러움 사이를 맴도는, 대담하며 에로틱한 매력을 만들어냈다.

그다음엔 바로 그 옷이다. 역겨운 그 옷. 그 유명한 50년대의 유망한 재정 상태에 결부된, 취향에 따라 구매되는, 좀 교양 없어 보이는, 정확히 그 시절의 스타일을 보여주는, 기성복 매장에서 볼 수 있는 스포츠 코트(*정장 재킷과 비슷하나 바지와 맞추어 한 벌로 입을 필요 없이 간편하게 입을 수 있는 남성용 재킷). 좀 녹슨 것 같기도 하고 오렌지 빛깔 같기도 한, 이상한 색깔

영화 〈걸인〉(1961) 등을 통해 피에르 파올로 파졸리니가 포착해 보여주는 남부 이탈리아 농민의 매력적인 거친 남성성은 전후 이탈리아에서 패션의 개념을 진전시키는 데 핵심적인 영감으로 작용했다.

이 다소 들어간 그 옷 또한 시내 중심에 있는 작은 가게에서 기성복으로 구매한 것이다. 바지는 가운데가 아래로 살짝 처지고… 헤진 데다 조금 짧다. 구두는 굽이 있는 바깥쪽이 완전히 닳아서 작은 유인원이 걸어가는 것 같다. 그리고 특히 빨간 점박이 무늬가 있는 끔찍한 짧은 양말은 밴드 부분이 발목 위로 올라오도록 바싹 당겨져 있다.[33]

키치적 향수가 스며든 이탈리안 룩의 특성

새로이 부상하던 전후 이탈리아 남성복의 도상圖像 내부에서 전개된 이런 새로운 양상들은 이탈리아 사회의 급진적인 구조조정 이라는 맥락에서 발생했으며, 또한 그러한 맥락의 동의어로 여겨 졌다. 1960년대 후반 범凡유럽적인 정치적 행동주의activism가 열 매를 맺어, 전통적으로 가톨릭교회가 엄격히 규제해온 사회 관습 들이 느슨해지고, 교육과 취업의 기회가 확대되었다. '2차 경제 기 적'으로 삶의 질이 향상됨에 따라 이탈리아는 농업에 의존하는 봉 건적인 과거에서 벗어나 집단적 생활양식의 꿈에서 의미를 발견하 는 현대로 접어들었다. 이 새로운 현대성은 밀라노의 세계적인 상 점가와 전시회장, 로마의 레스토랑과 클럽, 아말피Amalfi(*이탈리아 남부 서해안의 유명한 관광지)와 시칠리아의 해변 휴양지와 빌라, 유 명 인사들의 파파라치 사진을 싣는《오지Oggi》,《에포카Epoca》그리 고 좀 더 나중에 나온《루오모 보그L'Uomo Vogue》같은 잡지에서 가장 뚜렷하게 드러났다. 이 모두를 통해 새로운 이탈리아 댄디의 품위 있는 모습은 우아한 포물선을 그리며 상승해갔다. 하지만 오래된 형태들 또한 여전히 존재했다.

패션의 역사를 연구하는 발레리 스틸은 이러한 결과로 나타 난 이탈리안 '룩look'의 특성을 설명하면서, 상반되는 스타일의 두 패러다임 사이에 긴장이 계속되어온 점을 지적했다. 전자의 패러 다임에서는 삶의 기쁨과 슬픔을 마치 오페라처럼 과장되게 표현하여 기념하는 것을 선호했다. 그것은 불타오르는 카니발의 전통으로 그 안에는 키치적인 향수가 스며들었고, 그 뿌리는 남부 이탈리아의 정서에 두었으며, 파졸리니의 영화에 등장하는 방랑자들과 지골로들을 생각나게 하는 것이었다. 후자의 패러다임은 거의 수도승 분위기가 나는 단순성을 세련되게 정제한 스타일에서 위안을 구하며, 추상적이고 반反역사주의적으로 럭셔리luxury 자체를 추구하고자 한다. 그리고 그 영향력을 철학적으로 학식이 풍부한 미니멀리즘 미학에 한정하며, 북부 테일러들의 장인적인 전통을 본보기로 삼는다.[34] 흥미롭게도 콜라이아코모는 두 패러다임의 연결고리가 되는 직물 메타포로서 넝마를 상정하고, 1980년대 슈트의 형태를 통한 이탈리아 패션의 특정한 어법을 개념화하려 한다.

의복의 한 유형으로서 넝마는 *보르가테borgate*, 즉 외딴 촌락들의 세계에 속한다…. 이런 구역에서 넝마는 다만 넝마일 뿐만 아니라 억지로 패가 갈라지기도 한다. 넝마는 직물이 변화하는 마지막 과정과 매우 정확한 서열의 단계를 표시한다. (파졸리니가 지적하듯) '담배 냄새, 여러 달 동안 갈아입지 않은 옷 냄새 (때에 전 질긴 바지는 무릎과 샅의 모양대로 길이 들고, 헤지고 바랬다. 거기엔 따뜻함도 묻어 있지만 한기도 서려 있다)…'. 직물의 진화가 그다음 단계로 이동할 준비를 하는 동안 10년의 세월이 흘러갈 것이다. 그리고 나면 버려진 옷, 소수민족들의 이국적인 옷을 천상에서 내려주는 패션이 등장할

것이다. 공개적으로 바람직하며, 모든 이들이 바라마지않는 '부드럽고 순한 넝마들'의 구름 말이다.[35]

조르조 아르마니의 이력은 분명히 '북부'의 경로를 따른 것이었다. 아마도 현대 이탈리아 댄디에 대한 이해를 재구성하여 국제적인 맥락에서 정제하고 분해하는 데 가장 많은 역할을 한 사람은 바로 아르마니였을 것이다. 의학을 공부했던 아르마니는 패션 분야로 옮겨와서 처음에는 밀라노의 라리나센테La Rinascente 백화점에서 남성복 바이어로 일을 시작했다. 1920년대 후반 밀라노의 두오모Duomo 광장에 세워진 엄격하고 권위주의적인 노보첸토Novocento(*무솔리니의 파시즘을 위해 1922년에 기획된 이탈리아의 예술운동) 스타일의 건물 안에 있던 라리나센테 백화점에서는 개화된 소매 정책을 취했고, 이탈리아 디자인의 새로운 정신을 수용해 소비자들의 점증하는 풍요와 안목을 반영했다. 1953년 아르마니가 일을 시작하기 직전에 이 백화점에서는 '상품의 미학The Aesthetic of the Product'이라는 전시회를 열고 혁신적인 이탈리아 국내 제품들을 광고했다. 그리고 전시회가 끝난 뒤에는 매년 그 해의 가장 뛰어난 이탈리아 제품 디자인을 선정해 (황금 컴퍼스the Compasso d'Oro 상을)시상했다. 분명히 이러한 백화점의 진보적인 전략에 영감을 받았을 아르마니는 바이어에서 디자이너로 진로를 바꾸어 1960년대에는 체루티 그룹Cerruti group에서 일하다가 1974년 자신의 브랜드를 창립

새로운 이탈리아 댄디는 펠리니의 〈달콤한 인생〉(1960)에 출연한 배우 마르첼로 마스트로야니Marcello Mastroianni를 통해 구체적으로 재현되었다.

했다.

되도록 다양한 소비자들을 충족시켜야 한다는 상업적인 필요성을 의식하고 있던 아르마니는 품위 있는 페르소나가 고상하게 강조되는 맥락에 잘 어울리는 차분한 의상들을 만들어갔다. 이를 통해 그는 어느 누구도 꿈꾸지 못했을 만큼 큰 규모로 자신의 브랜드를 국제적으로 마케팅할 수 있었다. 아르마니 브랜드는 1980년 미국에 진출했고, 1989년부터는 진과 스포츠웨어를 바탕으로 하는 엠포리오 아르마니Emporio Armani 라인을 통해 젊은 유니섹스 고객층을 위한 다양한 의류를 공급하고 있다. 그러나 아르마니의 사업 감각만을 강조하다 보면 그가 남성 슈트 미학에 끼친 영향을 왜 곡할 수 있다. 그는 실용성을 무장해제시킴으로써, 1980년대 중반 이후 패션의 향방을 혁명적으로 바꾸어놓은 기능, 형태, 마감에 대한 집중적 관심을 폐기했다.

아르마니는 격식을 차린 비즈니스 슈트가 지닌 구조의 골자를 제거해버린 것으로 유명하다. 그는 슈트의 어깨선에 경사를 주고, 뻣뻣한 안감을 없앴으며, 버튼과 라펠을 낮추었다. 이것은 마치 1950년대 후반 미국 아이비리그 스타일의 슈트에 현존하는 근대 성의 흔적과 넝마에 담긴 전후 이탈리아의 궁핍과 야망에 대한 고 통스런 기억이 다함께 흐려져 모호해지면서 시대에 더욱 잘 맞는, 새로운 우아함을 낳은 듯했다.

아르마니는 의복이… 한 사람의 외모를 일상적으로 관리하 는 일의 일부, 곧 개인적인 상징체계의 도구라는 것을 이해했 다. '내가 디자인을 시작했을 때는 남자들이 모두 똑같은 차림 을 하고 있었다. 미국의 산업이 위세를 떨치면서, 거기서 나 온 기술자들이 전 세계로 흩어졌는데… 모두가 완벽히 동등 했고, 동등하게 완벽했다…. 그들에겐 결점이 없었다. 하지만 나는 결점을 좋아했다. 나는 재킷을 개별적 존재로 만들고 싶 었고, 그것을 착용하는 개인에게 맞추어진 재킷을 만들고 싶 었다. 어떻게? 구조를 제거해버림으로써. 말하자면 재킷을 제 2의 피부로 만든 것이다.'[36]

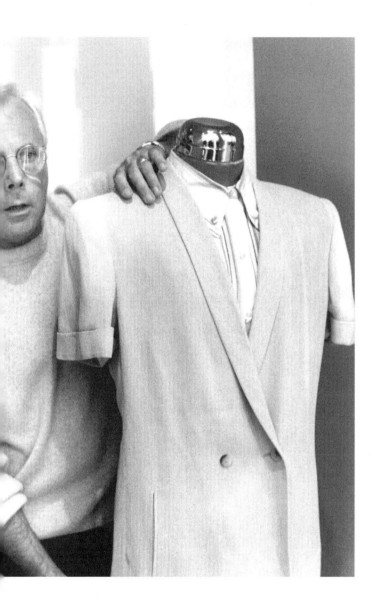

이탈리아 슈트를 재발명한 조르조 아르마니(1989).

아르마니가 '제2의 피부'를 발명해낸 것은 이탈리아 남성복의 표상에서 새로운 감각의 여성성을 드러내는 신호였다. 당시 이탈리아 남성복은 근본적으로 급진적 변화를 경험하고 있었는데, 이제 슈트는 스프레차투라sprezzatura(*노력한 흔적을 드러내지 않으면서 우아하고 세련되게 표현하는 것)의 정신에 입각해 슈트의 촉각적인 성질들, 부드럽게 애무하는 듯 느껴지는 감촉에 완전히 내맡기는 것이 되었다. 그와 동시에 제한된 색조, 질감, 음영으로 이루어진 미묘하게 차별화된 형틀에 대한 청교도적인 집착과 1980년대 대중문화에서 물신화된 단단한 근육질 몸매와의 의도된 대비는 전율을 일으켰다. 아르마니는 이미 1980년대 초에 폴 슈레이더Paul Schrader 감독의 〈아메리칸 지골로American Gigolo〉에서 리처드 기어Richard Gere 가 연기한 주인공 줄리안의 의상들을 디자인하면서 탐험을 시작했다. 옷을 차려입는 유명한 장면에서 장난기가 묻어나는 줄리안의 차림새는 1980년대 말에 이르러 첨단 이탈리아 패션을 대표하게 되는 새로운 남성적 자기도취를 예시像示하는 것이었다.

그는 마치 사람들의 시선을 피하고 다른 곳으로 돌려버리려는 듯 물건을 고른다. 자기 자신을 은밀하고 고요한 수용성 안에 맡기려는 것 같다. 이때 그의 매력에서 주도적인 역할을 하는 것은 달콤함과 부드러움이며, 그 매력은 남성미와 여성성을 뒤섞은 데 있다…. 그는 타인의 욕망과 쾌락을 흉내 낼 수

폴 슈레이더 감독의 〈아메리칸 지골로〉에서 파우더-블루 색깔의 아르마니 슈트를 입고 있는 리처드 기어(1980).

있는—자신의 옷이나 표피 같은—가면과 표현의 형식을 사
용한다. 그렇게 해서 그는 천박한 구경거리가 되는 것을 피한
다. 무제한적으로 사용할 수 있는 육체의 추동력과 완벽성을
재료가 되는 직물과 색상의 유연성에 녹여낸다. 직물과 색상
은 육체의 감각적 형태를 해방시키지만, 그 균일성과 치수를
통해 승리하는 순수성을 육체에 부여한다.[37]

그러나 그런 순수한 승리감을, 흥청망청 즐기는 '남부' 정서에
영화가 더욱 공공연하게 참여하지 못하도록 억압되었다는 증거로
보아서는 안 된다. 아르마니와 같은 세대에 속하는 다른 이탈리아
디자이너들은 슈트의 개념을 매우 다른 방식으로 다루는 컬렉션들
을 선보였다. 그들이 창조한 슈트는 더 많은 리비도를 뿜어내는,
육감적이고 현란할 정도로 화려한 것들이었다. 그런 디자이너들
중의 한 사람이 바로 월터 알비니Walter Albini다. 1930년대와 40년
대 할리우드 영화들은 그의 어린 시절 꿈을 형성했고, 그러한 영
화적 전통에 빠져 있던 그는 텍스타일 디자인, 패션 일러스트레이
션, 인테리어 디자인에서 탁월한 실력을 보였다. 그리고 1964년부
터는 이국적인 분위기를 살린 여성복을 생산하여 이탈리아의 여러
회사와 상점에 공급했다. 그 뒤부터 1980년대 초반에 (1983년 밀
라노에서 사망하기 전까지) 우아한 곡선을 이루는 유니섹스와 만
화 같은 남성복 컬렉션을 가지고 기술적으로 뛰어난 실험들을 진
행하여 밀라노 패션 시즌의 절정을 이루었다. 그리고 (이브 생 로

랑Yves Saint Laurent과 오시 클라크Ossie Clark를 비롯한) 유럽 내 다른 지역의 동시대 디자이너들이 차용했던, 원기 왕성하고 우스꽝스러울 만큼 장난스럽지만 언제나 시크한 매력을 지닌 미학과 많은 부분을 공유했다. 아마도 그의 절정기는 1970년대 중반이었을 것이다. 당시에 그가 의도적으로 차용한 1920년대 '라틴 러버' 리비에라 스타일'Latin Lover' Riviera style의 복고풍은 국제적 취향의 전형이 되었다. 《타임》에서는 1973년 봄 패션에 대해 다음과 같이 기록하고 있다.

> 많은 디자이너와 그 고객들에게 '인In'이라는 반향은 1920년
> 대풍을—주류 밀매점에서 노는 재즈 베이비jazz babies(*미국에
> 서 금주법이 시행되던 1920년대와 30년대에 재즈에 열광하며 쾌락
> 을 추구하고, 성적으로나 사회적으로 적극적이었던 여성들을 이르던
> 말)의 굉음보다는 롱아일랜드의 잔디밭에서 들리는 칵테일 잔
> 부딪히는 소리와 시폰에 실크가 쓸리는 소리를—의미하는 것
> 이었다. 미국에서는 이러한 스타일을 개츠비 룩Gatsby look이라
> 불렀는데, F. 스콧 피츠제럴드Scott Fitzgerald의 소설을 원작으로
> 한 영화가 리메이크 된다면(*피츠제럴드의 1925년작 소설《위대
> 한 개츠비 The Great Gatsby》는 1926년에 처음 무성영화로 만들어졌고,
> 1974년에 당대의 스타 로버트 레드포드가 개츠비 역을 맡아 다시 영
> 화로 제작되어 흥행에 성공했다) 다시 유행할 것이 틀림없다. 프
> 랑스의 여러 잡지에서는 이를 가리켜 테니스 스타일 또는 도

빌 룩Deauville look (*도빌은 파리에서 멀지 않은 대서양 연안의 휴양
도시)이라 부른다. 그러나 이 스타일은 뉴포트Newport에서 팜
비치Palm Beach까지의 분위기… 또는 (1920년대 폴로 영웅의
이름을 딴) 데버루 밀번룩Devereux Milburn look이라고 하는 것
처럼 간단히 묘사할 수도 있을 것이다. 폴로, 테니스, 골프는
—경기를 하는 방식이 아닌 경기를 관람하는 방식에 따라—
운동복 세트의 개념을 형성하는 데 핵심적인 구실을 했다….
그 주제는 우아함이다. 의도적으로 계산된, 격식 없이 한가로
워 보이는 우아함은 1922년 여름에 대한 피츠제럴드 식의 무
상한 회상을 암시한다. "흰 실크 셔츠에 흰 플란넬 바지를 입
고 잔디밭으로 걸어 나가기를 원한다는 것은 꿈꾸는 듯 매우
부유한 분위기를 제시한다"고 뉴욕 출신의 디자이너 랄프 로
렌Ralph Lauren은 말한다…. 이탈리아 개츠비 룩의 대부代父라
고 할 수 있는 밀라노의 월터 알비니는 피츠제럴드 시대에 의
지하며 그 시대를 이용해왔다. 그가 처음 디자인을 시작한 것
이 10년 전이기 때문이다. "그때는 패션, 장식, 문학, 회화
분야에서 문화적으로 최고의 시절이었다"고 그는 주장한다.
'사실 그때 이후로 무언가 새로운 것을 이룬 사람은 아무도 없
다….'38

월터 알비니의 화려한 매력이 넘치는 디자인은 1970년대 중반에 형성된 국제 패션계에서 한동안
열렬한 환영을 받았다.

진정한 패션 포르노그래피, 베르사체

아르마니와 같은 시대에 지아니 베르사체Gianni Versace 역시 알비니가 주장한 창조성의 정체停滯에 대하여 예외적 사례를 증명하려고 했으며, 20세기의 마지막 25년 동안 이탈리아 남성복의 변화에 자극적이고도 전적으로 혁신적인 기여를 했다. 베르사체만의 독특한 기술은 이탈리아의 문화 및 경제의 변화 과정에서 나타난 물질적 결과물을 변환하여 국제시장의 더욱 다양한 욕구를 충족시키되, 아르마니의 초월적인 모더니즘과는 급진적으로 다른 방식을 통해 성공했다는 점에 있다. 그는 자신이 태어난 남부 이탈리아에서 건축가로 교육을 받았지만, 양재업을 하는 어머니 때문에 테일러로 길러졌다. 1960년대 후반에 가족 회사의 바이어로 파리와 런던에서 일하면서 베르사체는 넓은 유럽의 패션 트렌드에 대한 유용한 지식을 일찍이 습득할 수 있었다. 이 시절부터 자신의 이름으로 된 회사를 설립하는 1978년까지 베르사체는 밀라노의 몇몇 작은 회사에서 디자이너로 일했는데, 당시에 이들 소규모 회사의 재산이 증대한 덕분에 밀라노 도시 전체의 인지도까지 달라졌을 정도였다.[39]

베르사체 자신이 이탈리아 남부의 장인 수공업 배경으로부터 좀 더 정교하고 세련된 북부의 분위기로 이행한 과정은 그의 동향인들 다수가 경험한 것이기도 했으며, 성숙한 그의 작품들에는 이러한 자전적인 요소가 들어 있었다. 그의 작품들은 옛날 생활 방식의 감각적인 상고주의尙古主義에 뿌리를 내리고 있다. 또한 전통이라는 관념에 헌사를 바쳤을 뿐 아니라 소비주의적이고 시장 주도적인 현대 세계의 교의들, 곧 '장려함magnificene'이라는 정중한 전통에 대해 전혀 미안해하지 않으면서 그것에 많은 것을 빚진 사치스러운 물질주의에 열정적으로 경의를 표하고 있다.[40]

　1980년대와 90년대 내내 베르사체는 남성복과 여성복 모두에서 육감적인 대표 스타일을 개척했다. 그는 놀라울 정도로 풍성한 직물을 사용했고, 옷감의 마름질과 표면의 재질을 통해 착용하는 사람의 성적 매력과 사회적 권력을 강조하고자 했다. 라스칼라La Scala(*세계적으로 유명한 밀라노의 유서 깊은 오페라극장)의 총감독이자 안무가인 모리스 베자르Maurice Béjart에게 주문받은 오페라 및 발레 공연 의상을 제작하면서 베르사체는 선명한 연극적 요소와 특별한 상황을 포용했다. 그 덕분에 영화와 스포츠를 비롯해 전문 직업적인 책임 요소 때문에 대중들에게 노출되어야 하는 문화산업 분야에서 베르사체의 의상을 기꺼이 채택하기에 이르렀다. (런던의 빅토리아 앨버트 미술관의 전직 관장이었던 로이 스토롱Roy Strong 경卿은 베르사체의 열정적인 후원자였다. 다양하게 엄선된 그의 베르사체 슈트들은 현재 잉글랜드 남부 휴양도시 배스Bath의 패션 박물관에 전시되어 있다.)

　1980년대 초반에 사용하던, 몸에 달라붙어 굴곡을 이루는 금속성 직물과 조각된 가죽으로부터 1990년대의 풍성한 매력과 소비를 암시하는 호화로운 매너리스트 프린트Mannerist prints(*베르사체는 16세기 북유럽 매너리즘 미술의 동판화 작품들을 프린트로 이용한 디자인들을 선보였다)와 번쩍이는 액세서리에 이르기까지 베르사체가 만들어낸 결과물은 아름다움과 천박함이 교묘하게 겹치는 효과를 냈다. 그의 형 산토 베르사체의 공격적인 경영 방식에 따라 운영된 베르사체 브랜드 역시 상호 보완적인 두 층위에서 기능했다. 특권층만 접근할 수 있는 세계 최고급 건물들에 있는 호화로운 상점에서 어마어마한 가격에 판매되어 새로운 슈퍼리치들의 유니폼처럼 여겨지는가 하면, 보급판 컬렉션과 향수 그리고 1993년에 출시한 가정용 가구 등 더욱 광범위한 마케팅 활동이 이루어지기도 했다. 이를 통해 베르사체 브랜드는 전 세계로 퍼진 유명인 추종 문화에서 결정적으로 드러난, 더욱 대중적으로 찬양받는 성공을 역설적으로 상징하는 존재가 되었다.

베르사체는 메두사의 머리를 자신의 브랜드 로고로 사용했는데, 이를 통해 고객에게 충격과 공포를 안겨주지만 경외심을 갖게 하는 패션의 숭고한 특성에 대한 자신의 이해를 상징적으로 나타냈다. 베르사체의 개인적 취향과 욕망은 연쇄적으로 등장한 홍보용 책자와 광고 사진들에 잘 드러나 있다. 그 사진들은 비스콘티 Visconti(*1906~1976, 이탈리아의 저명한 연극, 오페라, 영화 연출자) 영화의 촬영 세트처럼 보이는, 겉면에 초목이 우거진 베르사체의 몇몇 궁전을 찬양하거나, 그의 화려한 무리에 속한 인물들의 구릿빛 육체를 (종종 나체에 베르사체 넥타이를 정숙하게 맨 모습으로) 아름답게 묘사한 것들이다. 이러한 이미지는 그 안에 담긴 감각적인 매

20세기 후반 유명인 추종 문화에 관능을 제공한 지아니 베르사체. 패디드 재킷padded jacket(*패딩
을 넣어 어깨 등을 보강한 재킷)에 페그드 팬츠pegged pants(*골반 위로 충분히 올라올 만큼 밑위가
넉넉하고, 허리와 허벅지의 통이 큰 대신 발목 부분에서 좁아지는 바지)로 구성된 슈트 차림의 모
습(1981).

력으로 모두를 취하게 만들었으며, 그가 목표로 삼은 청중들은 이를 거부하거나 다른 선택을 할 수 있는 여지가 거의 없었다. 이러한 의미에서 '샤프한' 슈트의 의미는 이미 세기의 전환기에 무뎌졌으며, 현 세태를 약화시킬 만한 능력을 빼앗긴 채 다만 '의상'으로 축소되었다.

1996년 6억 파운드(*약 9천억 원)의 경이로운 매출액과 6천만 파운드(*약 900억 원)의 순이익을 낸 이 거대 조직의 상업적 영향력은 패션 미디어의 반대 의견까지 억누르는 효과를 냈다. 그 결과 베르사체는 언론 매체에 가장 많이 등장하며 최고의 상찬을 받는 브랜드로 확고히 자리 잡았다. 그러나 일부 평론가들에 따르면, 베르사체의 비전은 어떠한 심오한 의미도 없을뿐더러, 미학적으로도 너무나 진부하여 참으로 끔찍한 것—패션을 이탈리아 남성성의 또 다른 클리셰cliché인 마피아에 지나치게 근접시켰다는 가치밖에 없는, 진정한 패션 포르노그래피—이었다. 베르사체 브랜드의 신화적 지위는 1997년 디자이너 베르사체가 마이애미에 있는 자신의 저택 계단에서 살해되자 오히려 더욱 강화되었다. 브랜드의 발판이 되었던 집안 전통에 따라 그의 유산은 여동생이자 그의 뮤즈였던 도나텔라Donatella가 물려받았으며, 그녀는 특유의 정력을 발휘하여 정중한 듯 호화로운 매력으로 시선을 사로잡는 베르사체의 패션을 21세기의 소비자들에게도 계속해서 공급하고 있다.

이러한 정신의 어떤 부분은 정형화된 이탈리아 플레이보이와 그의 좋은 물건에 대한 취향이라는 고정관념을 통해 2010년대에도 유지되고 있다. 나폴리의 체자레 아톨리니Cesare Attolini, 키톤 Kiton, 루비나치Rubinacci처럼 현대화된 전통 슈트 제작업체들은 여전히 정교하고 값비싼 장인 정신의 명성에 크게 의존하고 있다. 이러한 명성은 특히 러시아 신흥 갑부들의 취향에 호소력을 발휘하고 있다. 분명한 것은 바로 이러한 사실이 1945년 이후 오늘날까지 더욱 확고하게 자리를 잡은, 호화로운 스포츠웨어와 액세서리를 다루는 로마의 소매상 구찌를 비롯한 이탈리아 북부 브랜드들의 지속적이고도 본질적인 특징이 되어왔다는 점이다. 저널리스트 캐린 넬슨Karin Nelson은 다음과 같이 회상한다.

전후 해방의 기운 속에서 유명인들과 귀족들이 비아 콘도티via Condotti에 있는 구찌 매장을 가득 매웠다…. 자신이 구애했던 여성들(브리지트 바르도Brigitte Bardot와 베루슈카Verushka)를 가장 오래 유지된 유산으로 남겨놓고 떠난 지지 리치Gigi Rizzi, 그리고 아직 프랭크 시나트라Frank Sinatra의 부인이었던 에바 가드너Ava Gardner와 염문을 뿌린 월터 키아리Walter Chiari 같은 신사들도 있었다. 이들은 멋지게 잘생겼고, 여행 경험도 많고, 성적으로도 거부할 수 없을 만큼 매력적이며, 흠잡을 데 없이 차려입은 단지 이상적인 남성상뿐 아니라 구찌의 전형적인 남성상을 대표하게 된다…. 플레이보이들의 아름다움은 절대 늙지 않으며, 영원히 매혹적일 따름이다.[41]

1990년 구찌의 여성복 디자이너로 영입된 미국 디자이너 톰 포드Tom Ford는 아마도 늙지 않는 이탈리아 플레이보이의 매혹적인 아름다움에서 영감을 받았던 것 같다. 구찌는 당시에 재정적인 어려움을 겪으며 추문에 시달리고 있었지만, 포드는 빠른 속도로 승진하여 1992년 디자인 디렉터가 되었고, 1994년에는 회사의 제품 전체와 대중 이미지에 대한 궁극적 책임을 지는 크리에이티브 디렉터 자리에 올랐다. 그 뒤로 2004년 구찌를 떠날 때까지 포드는 '호화로운 제트족(*제트기로 세계를 돌아다니며 사는 부유층)의 생활양식에 대한 기억을 불러일으키면서 세계적으로 뛰어났던 황금 시절로 구찌 브랜드를 복귀시킬 수 있었다'.[42] 스튜디오54(*1977년에 문을 연 뉴욕의 나이트클럽으로 당시 디스코 음악과 나이트클럽 문화 전반에 큰 영향을 끼쳤다)에서 탕진한 젊은 시절의 경험에서 추려낸 포드/구찌 룩의 대표적 구성 요소와 샤프한 테일러링, 도마뱀 가죽 로퍼, 벨벳 스모킹 재킷, 조이듯 감싸는 니트, 무늬를 넣어 직조한 실크 애스컷ascot(*남자들이 목에 감는 스카프처럼 넓은 사각형의 천), 반세기 전 지중해의 스프레차투라를 참고한 호박색의 비행사용 안경이 등장하는 리비도 넘치는 카탈로그는 세계적으로 소비되고 있는 이탈리아 남성상의 절정을 나타내는 표지가 되었다.

　　댄디즘의 정의를 고정한다는 것은 불가능하다. 급진적인 1950년대의 기원들 또한 그러할 것이다. 그런 만큼 이탈리아 슈트의 변화하는 본성 또한 정확히 밝힐 수는 없으나, 그럼에도 그것이 세계 도처에서 복장에 대해 인식하고 있는 남성들의 자기표현 방

미국 디자이너 톰 포드는 구찌에서 일하는 동안 이탈리아의 호화로운 맞춤옷 개념에 활기를 되찾아
주었다.

레드 카펫 위에 선 톰 포드.

식에 독특한 흔적을 남긴 것만은 사실이다.

여성들을 위한 샤프한 슈트

혁명적인 댄디즘을 차용하는 것은 남성들에게만 유보된 것은
아니었다. 가장 샤프하다고 할 수 있는 슈트를 입은 것은 여성들이
었다. 새로이 등장한 활동하는 여성들의 요구에 따라 남성들의 군
복 및 운동복의 형태를 변용해 맞춤 제작된 의상들이 1860년대 이
후에 풍족한 서구 여성들의 옷장을 채우는 익숙한 품목이 되어왔
다. (그 기원은 17세기 후반 승마복까지 거슬러 올라갈 수 있다).
루 테일러Lou Taylor는 다음과 같이 말했다.

> 그러한 의상들을 만들기 위해 옷감을 자르고 형태를 잡은 뒤
> 전체를 연결하여 완성하는 테일러의 기술은 실크와 섬세한 모
> 직물이나 면직물을 다루는 드레스메이커의 기술과는 매우 달
> 랐다…. 무거운 모직물을 다루려면 마름질하고, 시침질하고,
> 단단한 심을 넣고, 충전재를 채우고, 스탭스티치stab-stitch(*바
> 늘을 옷감에 직각으로 찔러 넣은 뒤 옷감 표면의 스티치가 안쪽의 스
> 티치보다 훨씬 작게 드러나도록 꿰매는 바느질 방식)로 꿰매고, 달
> 궈진 무거운 다리미로 증기를 쏘여가며 바느질 된 옷감의 형
> 태를 잡는 등 전문적인 특정 기술들이 필요했다. 그와 동시에

하디 에이미스의 여성 슈트.

래드클리프 홀Radclyffe Hall. 여성 동성애를 다룬 소설《고독의 우물The Well of Loneliness》의 작가인
홀은 여성 테일러드 룩tailored look의 개척자이기도 하다.

테일러는 자신의 스타일이 당대의 예의범절 규정에 적합한지
를 살펴서… 인습적인 고객들에게 받아들여지게끔 해야 했
다.[43]

여성들을 위한 산책 및 등산용 슈트, 얼스터 레인코트Ulster
raincoat (*빅토리아시대에 유행한 어깨에 케이프가 달린 두꺼운 모직 오버코
트), 여행용 앙상블ensemble에 적합하도록 트위드와 타탄tartan, 프로
깅frogging (*단추에 걸 수 있도록 재킷이나 코트 위에 다는 매듭 장식) 등을
조정한 것이나, 고루한 새빌 로의 재단사들이 여성복 시장에 진입
한 것이 그 자체로 관례를 깨는 일은 아니었다.[44] 충격을 가져온 것
은 일부 여성들이 예의범절이나 사회의 제약을 받지 않고 이러한
변화를 더욱 멀리까지 밀고 가서, (이를테면, 육군과 해군에서는
뛰어난 여성들이 남자로서 '통과'되는 오랜 전통이 있었던 것처럼)
단지 변장을 하거나 (크로케 경기를 더 잘하거나 자전거 페달을 더
잘 밟는 등) 기능적으로 편리하게 사용하기 위해서가 아니라, 반反
문화적 정체성을 확립함으로써 초래되는 불협화음에서 쾌락을 끌
어내려는 수단으로 남성 스타일을 차용하려 했다는 점이었다.

미술가, 여성을 사랑하는 여성, 공연 예술가, 극도로 유행
에 민감하거나 사회 주변부에 속한 사람들은 부분적으로 솔기
를 더 튼튼하게 하거나 더 두꺼운 옷감을 사용하는 식으로 남
성 '테일러드tailored' 스타일을 차용하는 데서 만족하지 않았다.
그들의 관심은 여성의 신체에 맞게 조정되고 여성의 욕망에 따

라 변형해 남성 슈트를 완전히 전환하는 데 있었다. 메리 워커 Mary Walker(*1832~1919, 미국의 외과의사로 노예해방 운동가이자 초기의 여성운동가), 조르주 상드 George Sand(*1804~1876, 프랑스의 소설가로 당시 남장 여인으로 유명했다), 우나 Una, 레이디 트러브리지 Lady Troubridge(*1887~1963, 영국의 여성 조각가이자 번역자이며, 래드클리프의 오랜 동성 연인이었다. 우나 역시 그녀가 사용하던 별칭이다), 한나 글럭스타인 Hannah Gluckstein(*1895~1978, 영국의 화가), 바이올렛 트레퍼시스 Violet Trefusis(*1894~1972, 영국의 작가이자 사회주의자. 시인 비타 색빌 웨스트 Vita Sackville-West와의 오랜 동성애 관계로 유명하다), 콜레트 Colette(*1873~1954, 〈지지 Gigi〉로 유명한 프랑스의 소설가), 마를레네 디트리히 Marlene Dietrich(*1901~1992, 20년대에서 40년대까지 세계적으로 인기를 누린 독일의 스타 배우)와 같은 유명 인사들은 남성 노동자의 실내복이나 귀족 남성의 야회복을 입는 등 '크로스 드레싱 cross-dressing'으로도 널리 알려졌다.

이들을 향한 에로틱한 비난은 19세기에서 20세기 초반의 점잖은 사회 분위기에 분노를 일으킬 정도로 성적인 자극을 몰고 오기도 했다.[45] 이러한 현상이 여성들 자신에게 미친 영향은 컸다. 사실 어떤 의미에서는 남성 슈트가 근대 여성 동성애자의 이미지를 산출했다고 주장할 수도 있을 것이다. 여성 동성애자들은 남성 슈트를 입음으로써 육체와 의복과 성적 지향성의 고정된 의미를 다룰 수 있게 되었다. 그리고 이 세 가지에 대한 기존에 수용된 가부장적 이해를 파괴하여 여성들에게 권력을 부여하는 급진적인 무언

가를 창조해냈다.[46]

　남성 슈트를 입은 여성의 모습에는 사람의 마음을 끄는 기묘함이 있었다. 이는 주류 대중문화 속에서도 길을 잃지 않고, 오히려 급속히 소화되어 폭넓게 소비되었다. 1890년대와 1900년대 뮤직홀 무대에서는 남자를 흉내 내는 여성 배우들이 등장해 유행에 민감한 젊은 남자들의 허세뿐만 아니라 슈트의 수행적 가능성으로 유지되는 젠더의 환영幻影에 대하여 비판했다. 그중에서도 가장 뛰어났던 베스타 틸리Vesta Tilley는 의상에 관한 이 같은 물신주의를 더욱 세련되게 다듬어서 상업적인 예술 형태로 만들어냈다. 미국 순회공연을 회상하면서 그녀는 다음과 같이 기록했다.

　브로드웨이의 사내들은 펄이 들어간 회색 프록코트와 실크해트 그리고 섬세한 꽃무늬가 들어간 실크 베스트—앵글시Anglesey의 후작이 죽고 그 유품들이 시장에 나왔을 때 내가 샀던 수십 가지 물건 중 하나—로 구성된 나의 의상에 무척 관심이 많았다. 회색 프록 슈트frock suits와 장식적인 베스트는 뉴욕에서 인기가 많았다…. 내가 가진 의상들은 유행에 민감한 남자들의 패션에서도 가장 최신의 것이라는 게 확실했으며, 런던 웨스트엔드의… 본드 스트리트에 있는 유명 회사인 새뮤엘슨리니앤선Samuelson , Linney and Son에서 수년간 나를 위해 제작해준 것들이었다.[47]

뮤직홀 연예인이었던 베스타 틸리가 '스웰swell' 풍의 (*스웰은 자신만만해 보이는 거물이나 멋쟁이를 말한다) 차림을 한 모습(1900년경).

헬무트 뉴턴의 〈르 스모킹〉, YSL(1975년, 파리 오브리오 가_街).

틸리가 본드 스트리트의 테일러들을 지원했다는 사실과, 아주 멋진 댄디였던 앵글시의 후작의 스타일을 차용했다는 사실 때문에 판타지와 정통성의 결합은 더욱 고조되었다. 이를 통해 틸리 자신의 음란한 캐릭터 설정에는 통제된 위험이라는 의미가 부여되었다. 이는 뒤틀린 이미지가 결부되어 있기는 해도 바로 시장에서 상품이 될 수 있는 것이었다. 그녀의 공연은 시장이 확대되고, 성 해방에 기초해서 성별 행위의 실천과 재현이 근본적으로 전환되는 순간에만 성공할 수 있는 것이었다. 틸리가 무대에서 희화해서 표현하는 자신의 생물학적 육체와 사회적 육체 사이의 상호 반응은, 일부 역사학자들이 세기의 전환기에 등장한 불안한 근대성을 규정했다고 주장한 깊이 있는 태도 변화를 뚜렷하게 드러냈다. 그리고 표현력이 풍부한 근대성의 외양을 찬양하는 한편 내부의 위기를 암시했다.[48]

남성 슈트는 보통 견고하다고 생각하지만, 놀라울 정도로 불안정하다. 그래서 슈트는 그처럼 불꽃 튀는 발전 과정을 위한, 융통성 있는 도구를 제공해주었으며, 그 불꽃은 20세기 내내 꺼지지 않고 지속되었다. 슈트의 역설적인 매력은 1960년대에 여성의 육체에서 다시 한 번 표면화되었다. 아직 포스트모더니즘이 등장해 고정된 정체성을 폭파하고 댄디즘의 작용을 낡아빠진 것으로 만들기 이전에, 알제리 태생의 프랑스 디자이너 이브 생 로랑은 브러멜의 유령을 다시 한 번 세상에 풀어놓아 마지막으로 거닐게 했다. 그는 1966년 처음으로 격식 차린 남성용 디너 슈트dinner suit를 가지고 실험했다. 슈트의 라인을 길게 늘여 여성의 육체가 지닌 굴곡을 감싸며 밑으로 떨어지게 하고, 소년과 소녀의 중간 지점에서 일어나는 긴장과 혼돈을 통해 새로운 자유를 발견했다. 이브 생 로랑의 작품 목록 가운데 대표작이 된 '르 스모킹Le Smoking'은 헬무트 뉴턴Helmut Newton의 우울한 사진으로 포착되어 1975년 9월호《보그 Vogue》에 실린 것으로 유명하다. 스티븐 건들Stephen Gundle이 관찰해 기록해놓았듯이, 두 남자—북아프리카 식민지 태생의 동성애자 이브 생 로랑과 나치를 피해 달아난 망명자 뉴턴—는 다음과 같은 사실에 정통해 있었다.

> 부패, 권위주의, 성도착은 부르주아 무의식의 중심에서 절대 멀리 있지 않다…. 이것들은 1970년대 문화적 풍토를 통해 상업적이고 예술적인 주류 문화에 부르주아지에 대한 확신을 끌어들일 수 있었다.[49]

샤프한 슈트 제작과, 옛날 스타일의 댄디즘에 대한 물신주의적 편견이 그들에게 도구를 제공해주었다.

4 슈트를 바라보는 시선

해리 클라크Harry Clarke의 〈벌거숭이 임금님〉, 한스 크리스티안 안데르센의 동화집 삽화(1916).

현대의 슈트, 의복이 건축을 따르다

멀고 먼 옛날, 아름다운 새 옷을 끔찍이 좋아해서 가진 돈을
모두 옷 사는 데 써버리는 임금님이 있었습니다. 임금님은 새
옷을 자랑할 때가 아니면 군인들에게도 신경을 쓰지 않았고,
극장에 가거나 사냥을 나가는 일에도 관심이 없었습니다. 임
금님에겐 하루 일과의 매 시간마다 입는 옷이 따로 있었습니
다. 그리고 우리가 으레 "임금님께서는 지금 회의실에 계십니
다"라고 말하듯, 신하들은 "임금님께서는 지금 옷장 안에 계
십니다"라고 말하곤 했습니다.

— 안데르센, 〈벌거숭이 임금님〉 중에서[1]

1837년 4월 덴마크의 동화작가 한스 크리스티안 안데르센
Hans Christian Andersen은 자신이 쓴 이야기들 가운데 가장 많은 사랑을
받은 〈벌거숭이 임금님〉을 출간했다. 이 이야기의 기원이 되는, 무
어인이 지배하던 중세 에스파냐의 우화에서는 사기꾼 방직공들이
등장해서 나쁜 사람 눈에는 보이지 않는 옷 한 벌을 지어 드리겠노
라고 임금님께 약속한다. 안데르센은 이 우화의 기본 구조를 가지
고 어린아이의 순수함과 정직함으로 허영과 오만, 가식과 수치가
만천하에 드러나고 마는 우아한 희극을 창조해냈다.[2] 사기꾼 방직
공들에게 속은 임금은 진홍색 차양遮陽 아래 발가벗은 채 도성의 거
리를 행진했다. 이 모습을 구경하던 군중들은 결국 망상에서 빠져

나와 임금의 마법 슈트는 모두 거짓이며 속임수에 지나지 않았음을 깨닫는다.

> 마침내 모두가 소리쳤습니다. "벌거숭이 임금님이다!" 임금님 또한 사람들의 말이 옳다는 것을 알고 몸이 덜덜 떨렸지만, '행진이 끝날 때까지 참아야 한다'고 생각했습니다. 그래서 더욱 뽐내듯 걸었습니다. 왕실 침전 담당 시종 두 사람은 있지도 않은 임금님의 옷자락을 들고 가는 시늉을 하며 뒤를 따랐습니다.[3]

이번 장에서는 벌거숭이 임금님의 발자국을 따라가며, 단지 작가나 민속학자만이 아니라 건축가, 예술가, 영화감독, 디자이너에게 수만 가지 충동을 나타내는 대표적인 기표로서 오랜 세월 슈트가 발휘해온 매력을 추적하고자 한다. 울, 실, 버크램buckram(*면이나 마를 사용해 빳빳하게 만든 천) 그리고 인간의 육체가 하나로 합쳐지며 만들어내는 미묘한 의미를 좀 더 넓은 근현대 문화의 역사 속에서 검토할 것이다. 안데르센은 오래된 옛날이야기를 19세기 초 덴마크의 한복판으로 옮겨다 놓았다. 그리고 그렇게 함으로써 실재하지 않는 옷을 입은 허영심 강한 임금님의 이야기를 남에게 잘 속는 어리석음을 나타내는 국제적 우화로서 대중 사이에 확고히 자리 잡도록 했다. 복장의 심리학과 슈트의 사회학에 관심 있는 사람들이 보기에, 안데르센의 우아한 언어의 경제 속에는 사회구조와 진화론, 정치 신념 체계의 상징으로서 슈트가 지닌 투명성에 관한 근본 관념으로 돌아가게 하는 무언가가 있다.

이를테면, 세기말 오스트리아 빈의 건축가 아돌프 로스는 안데르센과 마찬가지로, 참된 테일러링이 지닌 도덕적이고 미학적인 탁월한 특징들을 열렬히 옹호했다. 그리고 의복이나 다른 무엇이 되었든, 정직하지 못한 과도함에 대해서는 단호히 비판했다. 게다가 그는 인체 구조를 둘러싼다는 점에서 건물을 디자인하는 것과 의상의 틀을 만드는 것 사이의 상관관계를 도출하는, 건축과 장식에 관한 급진적 이론을 제안하기도 했다.

> 건축가의 과제는 대체로 따뜻하고 살기 좋은 공간을 제공하는 것이다. 카펫은 따뜻하고 살기에 좋다. 이 때문에 건축가는 바닥에 카펫 한 장을 깔고 카펫 네 장을 걸어서 벽을 만들기로 결정한다. 하지만 카펫으로 집을 지을 수는 없다. 바닥에 카펫을 깔든, 벽에 태피스트리를 걸든 이들을 올바른 자리에 고정할 구조적 뼈대가 있어야 한다. 이러한 뼈대를 만들어내는 것이 건축가의 두 번째 과제다. 이것이 건축에서 마땅히 따라야 할 논리적 경로다. 인류는 이러한 순서에 따라 집 짓는 법을 배웠다. 그 첫 단계는 옷 짓는 일이었다.[4]

현대 슈트의 단순한 공학은 하이모더니즘high modernism(*냉전 시기, 특히 1950년대 후반에서 60년대까지 유행한 모더니즘의 한 형태로 과학과 기술이 세계의 질서를 재편하리라 확신했다) 건축의 원칙을 드러내기에 완벽한 수단이었다. 현대의 슈트는 그 가치와 상징 그리고 물질적 특성 때문에 급진적인 창조성을 표현하기에 적절한 도구였다. 즉 현대의 슈트라는 렌즈를 통해 전위주의는 건축물의 예술뿐 아니라 회화, 조각, 공연, 문학, 사진, 영화 그리고 패션에도 초점을 맞출 수 있었다.

건축 이론가 마크 위글리Mark Wigley는 로스의 의상에 대한 애착을 바탕으로 패션과 건축의 불안정한 관계에 관한 중요한 논문을 발표했다. 위글리는 로스의 생각이 19세기 중반 독일의 박식가였던 고트프리트 젬퍼Gottfried Semper(*1803~1879, 독일의 건축가이자 예술 평론가로 건축의 기원에 관한 저술들로 유명하다)의 저술에 어떻게 예시陳示되었는지를 보여준다. 젬퍼는 처음으로 '건축의 직물적인 본질, 내면을 위장하는 직물, 건축의 직조織造 작업을 인간의 몸에 옷을 입히는 것과 동일시했다.' 위글리의 설명에 따르면 젬퍼는

> 독일어에서 벽Wand과 옷Gewand이라는 어휘 사이에 존재하는
> 동일성에 근거하여 '복식의 원칙'을 건축의 '참된 본질'로 정
> 립시켰다…. 그러나 건축이 의복을 따르거나 닮은 것이 아니
> 라 오히려 의복이 건축을 따른다(라고도 그는 정립했다).[5]

여기에 제시된 건축과 의복의 위계 정립에는 건축가의 자기중심주의와 그의 (건축가는 거의 언제나 그he이므로) 의복의 외양

에 대한 그의 정출挺出된 애착을 드러내는 무언가가 있다. 초상 사진과 풍자화에서 건축의 거장들이 언제나 자신을 적절히 표현하기 위해 지나치게 신경 쓰는 듯 보이거나 그렇게 등장하는 것은 결코 우연이 아니다. 슈트가 젠체하는 듯 답답하다거나 세련됨을 가장한다는 평판을 얻었다면, 건축가가 건축 이론을 자신의 옷장 내용물을 통해 해석하는 경향이 거기에 일조했다. 아돌프 로스, 르코르뷔지에Le Corbusier, 루트비히 미스 판 더 로에Ludwig Mies van der Rohe, 프랭크 로이드 라이트Frank Lloyd Wright, 바질 스펜스Basil Spence, 필립 존슨Philip Johnson, 리차드 로저스Richard Rogers, 노먼 포스터Norman Foster, 렘 쿨하스Rem Koolhaas를 비롯한 많은 건축가들이 두꺼운 테를 두른 안경과 짝을 이루는 보타이bow tie, 장식적으로 받쳐 입은 빳빳한 흰색 (때로는 칼라가 없는) 셔츠, 기술 관료를 흉내 내듯 샤프하게 재단된 짙은 회색 멜턴Melton(*축융과 기모 과정을 거친 뒤 압착하여 부드럽게 만든 모직물), 교수나 시골 신사를 생각나게 하는 두껍고 거친 복고적인 트위드, 노동계급의 민주적인 평퍼짐한 푸른색 서지, 미래적인 일본 합성섬유 등을 통해 그들이 디자인한 건축물만큼이나 유명한 존재가 되었다. 그들은 건축물 디자인 못지않게 옷차림을 주의 깊게 계획하고 실행한 경우가 많았다.

　이러한 옷차림에 대한 강박을 불러온 원인 중 일부는 1세대 건축 모더니스트들이 여성화된 장식물을 혐오스러워 하고 그것을 일련의 직업적 강권强勸으로 해석한 데 있었다. 최신 유행의 옷들을 사랑하는 여성들에게는 밝고 덧없고 복잡한 외면에 대해 느끼는

'원초적'인 매혹이 공유되어 있다면, 남성 슈트는 안정성과 문명성에 대한 합리적이고 질서 잡힌 메타포를 제공했다. 르코르뷔지에는 1923년에 발표한 자신의 논문 〈건축을 향하여 Vers une Architecture〉에서 이와 관련한 규칙을 명확히 설정해놓았다.

장식이란 감각적이며 기초적인 질서에 관한 것이다. 이는 색상이 그러한 것과 같다. 그러므로 장식은 단순한 인종, 촌사람, 야만인에게 적합하다…. 촌사람은 장식물을 좋아하고 벽을 장식한다. 문명인은 잘 재단된 슈트를 입고 그림과 책을 소유한다. 장식은 본질적으로 잉여이되, 촌사람의 몫이다. 비례는 본질적으로 잉여이되, 문명인의 몫이다.[6]

모더니스트들이 테일러링을 극찬한 또 다른 요소는 슈트가 현대 생활의 환경과 특성에 적응하는 한편 그것들을 반영한다는 점이었다. 르코르뷔지에는 1925년에 출간한 논문 〈오늘날의 장식 예술 L'Art Décoratif d'Aujourd' hui〉에서 현대의 환경과 사회를 점검하는 데 반드시 필요한, 디자인에 대한 다섯 개의 새로운 접근법을 설정했는데, 다섯 가지 모두 간접적이든 직접적이든 당대 남성복의 속성에 경의를 표하는 것이었다. 그중 첫째는 공리주의였다.

공리주의적 욕구는 도구를 필요로 한다. 산업에서 볼 수 있는, 모든 면에서 완벽의 경지에 이른 도구들을 필요로 한다는

르코르뷔지에. 20세기 중반에 유행한 더블브레스트 슈트를 입고 특유의 당당한 자세를 취한 모습.

바질 스펜스 경. 가장 중요한 영국 모더니즘 건축물을 설계한 건축가. 에드워디언 트위드 슈트에
1960년대의 페이즐리 무늬 넥타이를 결합했다.

말이다. 그렇다면 공리주의적 욕구란 장식 예술을 위한 훌륭한 프로그램이다. 산업에서는 매일매일 완벽할 정도로 유용하게 편리한 도구들이 생산된다. 이 도구들은 그 개념의 우아함과 제작의 순수성 그리고 작동의 효율성에서 비롯되는 럭셔리로 우리의 정신을 달래준다. 이러한 합리적 완벽성과 정밀한 공식화 덕분에 우리의 정신이 하나의 스타일을 인식할 수 있는 충분한 토대가 형성된다.[7]

아방가르드의 상상을 펼치는 캔버스, 슈트

옷을 도구로 보는 생각은 19세기 초반 영국 신사들의 옷차림이 문명화된 기호의 한 패러다임으로 부상하는 과정을 용이하게 하는 근거가 된 관념 중 하나였다. 시골 영지와 제국과 연병장에 결부된 복식의 닳지 않고 오래가는 직물과 기능적인 패턴은 새빌 로와 연결되고, 현대 거대도시의 회의실이나 은행 창구에 맞게끔 개조된 테일러링의 스타일과 레퍼토리로 쉽게 변환되었다. 슈트는 여밈 장치가 개선되었다거나 다림질과 방수 처리가 쉬워졌다는 등 당시의 광고 문안을 통해 번드르르하게 홍보되면서 입주식 장치의 전형으로 제시되었다. 일조日照 발코니와 통유리 창문이 발명되기 훨씬 전의 일이었다.

그들 스스로 우아한 외양을 찬양하는 것은 여성스럽다거나,

크레믈린의 집무용 책상에 앉아 있는 블라디미르 레닌Vladmir Lenin(1918).

더 나쁜 경우에는 동성애적이라는 이유로 비웃음을 감수해야 했다. 하지만 마모나 풍화에 대한 내구성 또는 구성과 조립의 완벽성에서 의상의 형태를 논할 수는 있었으므로, 의상의 주인이 자신의 완벽한 스타일에 대한 명성을 쌓을 수 있는 권리에는 여전히 문제될 것이 없었다. 그러나 귀족적 취향이라는 오점 때문에 현대 슈트는 구식 엘리트주의의 문제로 온통 얼룩지고 말았다. 르코르뷔지에는 이 문제를 해결하기 위해 좀 더 자의식적인 차원에서 계층 구분 없는 역할 모델을 생각해내야만 했다. 이러한 역할 모델의 정치적 스타일은 옛날 귀족 나리가 트위드를 입었던 것만큼이나 수월하게, 대량생산된 슈트의 대중적 매력과 잘 어우러졌다.

레닌은 로통드Rotonde(*20세기 초반 지식인과 예술가들이 자주 찾았던 파리 몽파르나스 지역의 카페)의 등나무 의자에 앉아 있다. 그는 커피 값으로 20상팀(*1상팀centime은 옛 프랑스 화폐인 1프랑franc의 100분의 1)을 내고 팁으로 1수(*1수sou는 5상팀)를 주었다. 그는 볼러해트에 매끄러운 흰색 칼라를 착용하고서 서너 시간째 타자용 종이 위에 글을 쓰고 있다. 둥글고 매끄러운 잉크병은 유리로 만든 것이다. 그는 1억 명의 사람을 통치하는 법을 배우고 있다.[8]

마찬가지로, 신사 슈트의 계보를 따지는 것은 귀족층의 한가로운 취미이기도 했다. 슈트가 민주주의의 잠재성을 지니고 있다는 주장에는 많은 어려움이 따랐다. 이에 르코르뷔지에는 레닌이 체현한 진부하지만 혁명적인 현대성으로부터 유용성utility에 대한 자신의 찬양을 확장하여, 사회적 위계와 굴종이라는 더 오래된 개념에서 사용자를 해방시킨다는 점에서 (슈트를 포함한) 기능적 사물이 지닌 역할에 대해 설명하는 데까지 나아갔다. 그리고 자신의 세 번째 논문에서는 사회적 평등성의 유토피아적 비전vision에 대한 메타포로서 공산품(단순한 소모용 라운지 슈트)의 적응성을 격찬했다.

우리 삶에서 유용성을 지닌 사물들이 이전 시대의 노예들을 해방시켰다. 사실 그것들 자체가 노예이며 천민이며 하인이다. 당신은 영혼의 단짝으로 그것들을 원하는가? 우리는 그것들 위에 앉고, 그것들을 가지고 작업하며, 그것들을 소모한다. 그런 뒤에 그것들을 대체한다. 우리는 그러한 하인에게 정확함과 배려, 품위와 겸손함을 요구한다.[9]

이 인용문의 행간에서도 이제까지 살아남은 고전 댄디즘의 한 버전, 즉 완벽하고 해방된 퍼포먼스에 대한 경외로 포장된, 의복 소비에 대한 합리화를 읽어낼 수 있다. 18세기 후반 애국주의적 팸플릿 제작자들과 풍자화가들은 건장한 몸집에 잘 차려입은 존 불 John Bull(*영국, 특히 잉글랜드를 의인화한 인물. 보통 중년의 건장하고 쾌활한 시골 신사로 그려진다)의 모습과 야윈 얼굴에 누더기를 걸친 프랑스 촌사람의 모습을 대조하곤 했다. 자유로운 신분으로 태어난 호전적인 영국인은 대량생산된 초기 제품들을 자신의 우월성을 드러내는 상패처럼 자랑스레 내보이고 있다. 마찬가지로 자유, 평등, 박애로 무장한 프랑스의 화가들과 작가들 역시 영국 상류층의 현혹될 만큼 단순한 옷차림을 혁명 사상가의 의상으로 선택하는 일이 많았다.

솔직하게 말하고 꾸밈없이 살며, 매우 유능하면서도 자기기만에 빠져 있던 옛 모더니스트는 쉽사리 새로운 모더니스트로 변신했다. 르코르뷔지에의 20세기 존 불은 현대 복식의 민주주의에 대한 약속을 소비에 대한 핑계거리로 이용했다. 재봉틀로 고정한 금속 지퍼와 솔기는 맞춤옷에 대한 향수 어린 관념을 대체했으며, 그 결과 더 저렴한 슈트가 등장해 모든 이에게 기능적이면서도 우아한 의상을 제공해주었다. 유람선과 아파트와 자동차와 같이 접근이 용이해진 현대의 사치품들도 패션의 경우와 마찬가지였다.

1920년대에는 정치 개혁과 국제주의 때문에, 유행을 좇는 소비활동을 계층 간 갈등이라는 불안과 국민국가라는 이상을 통해 혁명적으로 정당화하거나 단죄하는 것은 시대에 뒤떨어진 것으로 보였다. 그럼에도 이 건축가 댄디가 기능에 맞서 패션을 다루면서 여전히 오염되지 않은 슈트를 입고 등장할 수 있는 피난처로서 오랫동안 유지했던 것은 그보다 뿌리 깊은 여성혐오misogyny였다. 르코르뷔지에는 현대적인 아름다움을 찾는 과정에서 대량생산된 기성복과 맞춤옷의 특장점을 결합해 취향을 표준화하면서, 단순하고도 건전한 '남성적인' 것과 장식적이고 천한 '여성적인' 것의 대비를 충분히 이용했다.

넘치게 장식되어 있는 것은 언제나 쓰레기다. 명품은 잘 만들어졌으며, 깔끔하고 깨끗하며 순수하고 건강하다. 그리고 그 꾸밈없는 모습은 제작 방식의 질을 드러낸다…. 공들여 복잡하게 만든 표면은 모든 것 위에 펼쳐지더라도, 혐오스럽고 추잡하다.[10]

그리고 그는 〈오늘날의 장식 예술〉에서 건강한 육체에 대한 수사修辭와 성욕이 불러오는 타락에 근거하여, 과도한 여성 문화가

You be D__m'd   Vous etes une Bete

With Porter Roast Beef & Plumb Pudding well cram'd   The Soup Maigre Frenchman such Language don't suit.
Jack English declares that Mons.r may be D__d **POLITENESS.** So he Grins Indignation & calls him a Brute.

Pub.d by H Humphrey S.t James Street

존 불의 강직한 태도와 프랑스인의 여성적이고 꾸민 듯한 복장이 대조를 이루고 있는 1770년대 후반의 풍자화 인쇄물.

합리적인 세계를 위협하고 있다는 자신의 염려를 강조했다.

위생에 대한 강조가 유용성에 결합되었다. 그것은 당대의 근대성과 민주화를 찬양하고, 대중의 취향 개선과 기존 환경에 대한 건축가의 의제에서 쓸모없는 장식을 제거하려는 것이었다. 현대인의 슈트는 이 당면한 과제에 가장 적합한 유니폼임이 분명했다. 새로운 세계를 건설하기 위한 근본적 규범은 단지 포디즘Fordism이나 산업 현장의 물리적 기술이 제시한 약속 안에 있는 것이 아니라, 승자가 된 '옷을 입고 있는 남성'의 사회적·경제적·윤리적 행동을 위해 고안된 플라톤적인 규칙과 관행의 기성 체계 안에 있었다.

"J'AI FAILLI ATTENDRE"

COSTUME VESTON, DE LUS ET BEFVE

패션 도판, 〈가제트 뒤 봉 통Gazette du Bon Ton〉(1922).

르코르뷔지에는 1920년 자신의 저널 《레스프리 누보 L'Esprit nouveau》의 첫 호를 출간하면서 로스의 가장 영향력 있는 논문 〈장식물과 범죄Ornament and Crime〉를 다시 실으며 로스의 생각으로 돌아가고자 했다. 여기서 근본이 되는 생각이란 남성복은 이미 표준화와 편의성의 진화 단계에 도달했으며, 그 덕분에 사람을 성적으로 추동하며 삶을 타락시키는, 순환 주기를 타는 여성복보다 더 합리적인 수준에 이르렀다는 것이었다. 이는 20세기를 이해하는 데 핵심적인 생각이며, '점점 더 위협적이고, 통제할 수 없을 것 같은 현대 생활의 세력(여성적인 것으로 이해되는 세력들)을 피하려는 개인에게 방패가 되어주는 표지'였다.[11] 현대 건축과 마찬가지로 남성복은 현대성의 혼란스러운 현상을 막아주는 물리적이고도 심리적인 완충물로 작용하도록 디자인되었다. 내부/육체와 외부/세계 사이의 경계가 되는 이러한 지위를 지닌 슈트는 아방가르드의 상상을 펼칠 수 있는 확실한 캔버스가 되어주었다.[12]

이러한 상상을 가장 극단적으로 드러낸 이들은 이탈리아 미래파futurists였다. 이들은 20세기 초반 30년 동안 건축계의 모더니스트들이 했던 것처럼 슈트의 고전주의를 구체적으로 형상화하지 않고, 오히려 격정적으로 터져나온 예술적 성상파괴iconoclasm를 통해 그것을 갈가리 찢어놓았다. 예술사학자인 라두 스턴Radu Stern이 설명했듯이 의복에 대한 미래파 사상의 본질은 안티패션 충동과 덧없는 현대성에 대한 역학적 이해에 근거하여 새로운 미학을 심으려는 욕망에 기반을 두고 있었다. 이러한 측면에서 미술가 자코모

발라Giacomo Balla는 선구자와 같았다. 그는 현대 복식을 개혁하려는 다수의 선언문을 작성하고 그러한 생각에 상응하는 방식으로 자신의 옷을 직접 디자인하고 제작해서 입었다. 그에게 남성 슈트란 의복에 대한 전통적인 태도를 파열시키고자 설정한 물질적 재료였다. 1914년 5월에 출간한 〈미래파 남성복Male Futurist Dress〉이라는 그의 선언문은 (특히 유럽이 군사적으로 무장하면서 전쟁을 향해 나아가던 시기에) 인습적인 의복의 특징인 칙칙한 색조, 대칭성, 획일성에 도전했다. 이를 위해 그는 운동경기의 메타포를 통해 획득한 의복에 대한 역동적인 접근법과, 옷본 마름질에 대한 전위적인 접근법을 제시하고 색상, 질감, 향기까지 감각적으로 포용했다.[13] 간결하고 함축적인 11개의 언명을 통해 발라는 '느리고 낭만적인 향수와 고된 삶으로부터 인류를 해방'할 복장이 도래하리라 약속했다. 이 복장의 밝고 선명한 색조는 '성장하는 미래파의 감성에 담긴 역동적 리듬으로부터 수많은 새로운 추상 관념을 만들어낼 3차원적 색상의 곡예'라는 거대한 소용돌이 속에서 도시를 변형시킬 것이다.[14]

근대 패션에 관여한 예술가들

발라가 안티슈트anti-suit의 이론을 제공했다면, 타야트Thayaht(1893~1959)라는 이름으로 활동한 미술가이자 디자이너인

IL VESTITO ANTINEUTRALE

Manifesto futurista

Glorifichiamo la guerra,
sola igiene del mondo.
MARINETTI.
(1° Manifesto del Futurismo - 20 Febbraio 1909)

Viva Asinari di Bernezzo!
MARINETTI.
(1° Serata futurista - Teatro Lirico, Milano, Febbraio 1910)

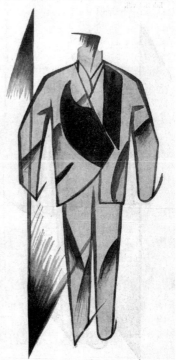

L'umanità si vestì sempre di **quiete**, di **paura**, di **cautela** o d'**indecisione**, portò sempre il lutto, o il piviale, o il mantello. Il corpo dell'uomo fu sempre diminuito da sfumature e da tinte **neutre**, avvilito dal nero, soffocato da cinture, imprigionato da panneggiamenti.

Fino ad oggi gli uomini usarono abiti di colori e forme statiche, cioè drappeggiati, solenni, gravi, incomodi e sacerdotali. Erano espressioni di timidezza, di malinconia e di **schiavitù**, negazione della vita muscolare, che soffocava in un passatismo anti-igienico di stoffe troppo pesanti e di mezze tinte tedioso, effeminate o decadenti. Tonalità e ritmi di **pace desolante**, funeraria e deprimente.

OGGI vogliamo abolire:

1. — Tutte le tinte **neutre**, « carine », sbiadite, *fantasia*, semioscure e umilianti.

2. — Tutte le tinte e le foggie pedanti, professorali e teutoniche. I disegni a righe, a quadretti, a **puntini diplomatici.**

3. — I vestiti da lutto, nemmeno adatti per i becchini. Le morti eroiche non devono essere compiante, ma ricordate con vestiti rossi.

4. — L'equilibrio **mediocrista**, il cosidetto buon gusto e la cosidetta armonia di tinte e di forme, che frenano gli entusiasmi e rallentano il passo.

5. — La simmetria' nel taglio, le linee **statiche,** che stancano, deprimono, contristano, legano i muscoli; l'uniformità di goffi risvolti e tutte le cincischiature. I bottoni inutili. I colletti e i polsini inamidati.

Noi futuristi vogliamo liberare la nostra razza da ogni **neutralità**, dall'indecisione paurosa e quietista, dal pessimismo negatore e dall'inerzia

Vestito bianco - rosso - verde
del parolibero futurista Marinetti. *(Mattino)*

에르네스토 미카엘레스Ernesto Michahelles는 제품을 생산했다. 그가 디자인한 혁명적인 투타tuta(TuTa라고도 쓰는 이 옷은 막일을 할 때 입는 아래위가 한데 붙은 노동자의 오버올overall을 공리주의적으로 변형한 것으로, 여성 패션의 억압적 개념을 잉여적인 것으로 만들기 위해 고안되었다), 그리고 프랑스 패션 디자이너인 마들렌 비오네Madeleine Vionnet와의 협업 작품을 통해 그는 피렌체 지식인들 사이에서 악명 높은 존재가 되었다. 그러나 그가 1932년에 자신의 남동생 루제로Ruggero(*1898~1976, 이탈리아 미래파에 속하는 화가이자 조각가) 와 함께 써서 발표한 〈남성복 변신 선언문Manifesto for the Transformation of Male Clothing〉이야말로 발라의 초기 상상에 진정으로 실천적 무게를 실어주는 것이었다. 타야트는 단호하게 순응성을 거부했다.

우리는 이브닝드레스와, 모든 청교도 앵글로색슨 및 북부 반反지중해식 마름질의 흑백 활자 같은 클리셰를 폐지해야 한다. 그러므로 칼라, 커프스, 벨트, 조절 가능한 루프loop, 서스펜더suspenders(*양말이나 스타킹이 흘러내리지 않도록 잡아주는 멜빵), 가터garters(*양말이나 스타킹이 흘러내리지 않도록 조여주는 둥근 밴드)를 비롯해, 혈액 순환과 자유로운 움직임을 방해하는 모든 노예적 상징물을 제거해야 한다. (이것들이 식욕 감소, 현기증, 짜증, 가족 불화의 원인이 된다는 사실은 번번이 무시되어왔다.) 우리는 안감과 쓸모없는 주머니, 비합리적으로 배열된 단추, 바짓단 커프스, 베레모, 속치마, 하프벨트 half-belt(*바지 또는 재킷 등의 한 부분에 달려서 크기를 조절할 수 있게 한 벨트), 칼라, 패딩을 비롯해 이들과 비슷한 우스꽝스럽고 반反활동적인, 다만 먼지와 땀을 끌어 모을 뿐인 구시대의 잔재들을 제거해야 한다.[15]

이러한 옷들을 대체하고자 타야트가 디자인한 합성 의복은 실용적이고 미학적인 완벽성을 열망하는 것이었다. 타야트는 그런 완벽성이 패션 산업과 착용자의 삶의 질을 변화시킬 거라고 선언했다. 다목적 언더셔츠부터 라디오 수신기가 내장된 모자에 이르기까지, 16개의 개별 모듈로 이루어진 이 복장은 공상과학의 환상과 미술공예운동Arts and Crafts(*기계 사용이 폭발적으로 늘어난 19세기 말 영국에서 수공예의 중요성을 강조하며 일어난 예술운동)의 기발함을 섞은 포스트–슈트post-suit의 기초를 제공했다.

타야트가 이러한 생각을 전파하기 위해 애쓴 유일한 인물은 아니었다. 복식의 순응성이라면 본고장이랄 수 있는 영국에서도 남성복개혁당Men's Dress Reform Party(1929년 창립)이 미래파의 외침에 호응했다. 남성복개혁당은 강의를 하고, 대회를 열고, 신문사에 투고하고, 기발한 행동을 하면서 단지 편안하고 표현력 있는 남성복을 바라며 사람들의 이목을 끌었다. 이 개혁당이 기이하게 보였을지 모르겠으나, 그들이 추구한 목표는 실제로 위생 문제들을 개선하고 사회적 진보를 이끌어냈다. 그리고 이를 통해 1950년

타이트, 투타TuTa(1919).

대엔 일반 남성복의 품질과 선택의 폭에도 진정한 변화가 찾아왔다. 그리고 개혁당의 두서없는 채식주의와 태양숭배, 반反빅토리아시대 풍의 단순한 신경神經은 많은 추종자를 끌어들였다. 그 결과 1930년대 말까지 북아메리카와 유럽 전역에 200개의 지부가 설립되고, 프랑스 리비에라Riviera(*관광지로 유명한 프랑스 남부 해안 지방)에는 개혁당의 선진 물품들을 판매하는 상점이 문을 열기도 했다.[16] 예술적이고 지성적인 가식假飾이 문화적 영향력을 행사한 것이 분명했다.

본질적이지만 오해의 소지가 있는 슈트의 순응주의는 건축과 디자인의 진보적인 주변부를 넘어서 더욱 광범위한 예술가들의 흥미를 끌었다. 긍정적인 면과 부정적인 면 모두에서 슈트의 고유하게 '근대적인' 속성이 이목을 끈 것은, 슈트의 형태가 제시하는 은유적 가능성 때문이기도 했지만, 사물의 물질적이고 시각적인 세계에 전반적인 개혁을 일으키려는 욕망 때문이기도 했다. 이러한 열광이 오래도록 지속되리라는 것을 처음 암시한 사건은 인상주의 회화의 부상浮上과 동시에 일어났다. 그리고 1860년대와 1870년대 프랑스에서 만개하여 패션과 근대성의 관계에 초점을 맞춘 문학 작품과 저널리즘 저술에 정확히 포착되었다. 특히 파리에서 패션이라는 개념은 근대적 세력이 사회에 끼친 더욱 폭넓은 변화를 해석하고 비판하는 하나의 규범으로 차용되었다. 예술가에겐 패션의 발전 과정을 자세히 이해하고, 패션이 지닌 폭넓은 함의에 관심을 갖는 것은 근대적 삶의 다양한 도전에 참여한다는 표지였으며,

아방가르드의 일원으로서 자신의 지위를 나타내는 것이었다.[17]

　보들레르, 고티에Gautier(*1811~1872, 프랑스 낭만주의 계열의 시인이자 비평가), 발자크, 말라르메Mallarmée(*1842~1898, 상징주의의 창시자로 여겨지는 프랑스 시인), 졸라Zola 그리고 이들보다 후대에 등장한 프루스트Proust는 모두 그 시대가 심취한 여러 사안 중의 하나로 근대 패션에 관여했다. 그들의 관심은 대체로 최신 유행을 따르는 여성의 문제와 매력에 집중되었던 반면—그리고 당대의 여성적인 복장의 아른거리는 효과에서 비롯된 인상들의 상징주의적 언어를 형성한 반면—그러한 아름다움이 대비를 이루며 더욱 돋보이게 된 배경은 필연적으로 남성적인 사물들로 구성되었다. 유행을 따르는 남성들은 실제로 상류 사교계의 주요 제작자, 작가, 화가, 독자, 관객이었으며, 그들의 눈에 잘 띄지 않는 짙은 색 슈트는 미장센mise-en-scène의 핵심 요소였다. 드가Degas의 대변자였으며 〈신新회화La Nouvelle Peinture〉(1876)의 저자이기도 한 비평가 에드몽 뒤랑티Edmond Duranty는 빠르게 소용돌이치는 여성의 드레스보다 이러한 슈트를 회화로 표현할 경우, 더욱 선견지명적인 예리한 현재감을 제시한다는 것을 볼 수 있었다. 마네Manet, 르누아르Renoir, 바지유Bazille(*1841~1870, 인물화를 주로 그린 프랑스 인상주의 화가), 카유보트Caillebotte(*1848~1894, 사실주의적 경향을 보인 프랑스의 인상주의 화가), 휘슬러Whistler(*1834~1903, 예술지상주의 운동에 적극 참여했던 미국 화가, 티소Tissot(*1836~1902, 영국으로 이주하여 주로 여성 인물들을 그려서 크게 성공한 프랑스 화가), 사전트Sargent(*1856~1925, 인물화로 유명한 미국 화가)를 비롯해 세잔Cézanne까지 포함하는 한 세대의 화가들은 다음과 같은 뒤랑티의 조언을 따랐던 것으로 보인다.

우리에게 필요한 것은, 자신의 옷을 입고 집이나 길거리에서 사회적으로 틀에 박힌 자신의 일상 한가운데에 놓여 있는 현대적인 한 개인에 관한 특별한 기록이다. 자료들은 다만 찌를 듯이 날카로워질 따름이다. 이것은 타오르는 횃불을 연필에 다는 것이다. 생김새와 옷차림에 대한 도덕적 성찰에 관한 연구다. 자기 아파트에 혼자 있는 남자에 대한 관찰이며, 그의 직업이 그에게 낙인찍은 특징과 그 특징 때문에 그가 하는 몸짓에 대한 관찰이다. 그를 가장 잘 자라게 하고 뛰어나게끔 하는 삶의 측면들이 교차되는 지점에 대한 관찰이다. 우리는 한 사람의 등을 보고서 그의 기질, 나이, 사회적 지위를 밝혀내길 바란다. 두 손을 보면 판사인지 상인인지 말할 수 있을 것이다. 몸짓으로는 일련의 감정 전체를… 스스로를 움직여가는 방식을 보면 우리는 이 사람은 일 때문에 회의에 가고, 저 사람은 연인과의 밀회에서 돌아오고 있음을 알 수 있을 것이다.[18]

근대성의 예측 가능한 일상적 틀과 더 어둡고 비이성적인 배후 지역들에 대한 기록으로 작용하는 슈트의 지속적인 기능은, (뒤샹Duchamp의 성性 교차적인 분장과 마그리트Magritte의 도시 교외 지

피에르오귀스트 르누아르, 〈외젠 뮈레Eugène Murer〉, 캔버스에 유화(1877). 당대의 슈트를 차려입은 뮈레라는 인물은 르누아르의 친구였다. 그는 화가, 요리사, 시인, 예술품 수집가였으며, 르누아르를 비롯한 다른 인상주의 화가들과 마찬가지로 근대적 삶의 감각에 대한 심미가였다.

자신들의 스튜디오에서 포즈를 취한 길버트와 조지, 런던 스피톨필즈Spitalfields(2005).

역 꿈의 세계에서 가장 명백하게 드러나는) 다다이즘dadaism과 초현실주의로부터 보이스Beuys(*1921~1986, '사회 조각'이라는 확대된 예술 개념을 통해 사회변혁을 추구했던 독일 출신의 현대 예술가) 및 런던에서 주로 활동한 행위 예술가 길버트Gilbert와 조지George(이 두 사람에게는 펠트와 트위드가 무의식의 물질적 힘을 재현하고 기억에 대한 물신으로서 작동하게 된다)의 행위로 수행된 개념주의 conceptualism에 이르기까지 아방가르드 예술운동을 지지하는 버팀목으로서 반복 등장한다는 데서 명확히 드러난다. 길버트와 조지는 특히 테일러드 슈트(당시에 결코 화려하진 않았던 쇼어디치 Shoreditch 근교에서 지역 테일러가 그들을 위해 제작한)의 표면적인 정상성을 가식적인 자기표현의 중심에 두었다. 1995년 현대 예술 큐레이터인 한스 울리히 오브리스트Hans Ulrich Obrist와의 인터뷰에서 두 사람은 슈트가 지닌 향수 어린 일상적인 매력을 은근슬쩍 제시했다.

"도대체 슈트는 어떻게 입게 된 건가요?"

길버트 조지는 항상 슈트를 입었고, 저도 그랬지요. 일할 때는 아니었지만 일하지 않을 땐 슈트를 입었어요.

조지 우리가 시골 출신이라서 그래요. 50년대에는 중요한 자리에선 어느 때나, 교회를 가든 결혼식에 가든, 휴가를 갈 때도 슈트를 입어야 했죠.

길버트 조지한테는 검정 슈트 한 벌이 있었는데 미술학교에 다닐 때 늘 입고 있었죠. 1965년에 이미 조금은 댄디였던 거예요. 처음에 돈이 없을 때는 중고 슈트를 입었어요.

조지 아마 1972년엔 버튼Burton 슈트를 입었을 거예요.

"왜 단추 세 개짜리 재킷을 입었죠?"

길버트 우리가 좋아하거든요.

조지 단추 세 개짜리가 보통이에요. 우리가 늘 생각하는 건데, 이번 세기의 각 십 년마다 슈트를 한 벌씩 가지고 와서 평균치를 만든다면 아마 이런 슈트가 될 거 같았어요. 딱히 1990년대 슈트도 아니고 특별히 1950년대 것도 아니란 말이죠.

"하지만 왜 재킷의 단추 세 개를 다 채우는 겁니까?"

조지 그게 단정한 것 같거든요. 테일러들은 늘 윗단추 하나를 풀어놓으라고 하는데, 그들조차 이제는 다 잠근 걸 좋아해요. 단추 세 개를 다 채우려면 슈트의 컷을 바꿔야 돼요. 내가 십 대였을 땐 가족들이 늘 단추 하나를 풀어놓으라고 했죠….

길버트 하지만 이젠 모두들 우리 슈트를 보고 따라하게 됐어요. 신나는 일은 우리가 1971, 2, 3, 4년부터 파티에서 취해 있는 예술가들의 사진을 가지고 있단 겁니다. 우리는 늘 똑같아 보이지만, 다른 사람들은 히피처럼 보이고 수염이 있고 나팔 모양으로 퍼지는 재킷을 입기도 했어요. 이젠 다들 슈트를 입죠. 젊은 예술가들이나 팝스타들이나.[19]

길버트와 조지는 영국 문화의 외관상 평온한 표면들 아래 계속 남아 있는 (기형인 동물이나 사람을 구경거리로 보여주는 프릭 쇼freak show와 유령의 집 왁스 인형들에 담긴) '비정상적'인 경향을 확대하는 수단으로서 슈트를 사용한다. 뻣뻣하게 단추를 모두 채운 투피스 슈트는 두 사람의 사진 및 공연 작품에서 다시 표면으로 떠오르는, 말로 표현되지 않는 벽장 속 인종주의closet racism(*특정 개인을 겨냥하지는 않지만, 같은 인종끼리 나누는 대화 등에 등장하는 인종주의)와 기묘한 동성애 관계, 지역적인 편협한 애국심에 대해 넌지시 말한다. 그토록 정중하면서도 불안을 불러일으키는 체면과 위신 뒤에 지저분한 의도가 불가피하게 숨겨져 있는 것이다.

다른 예술가들은 좀 더 공개적인 시각적 전략을 사용해 차이의 역사를 묘사하고 그것에 이의를 제기한다. 흑인 댄디즘의 관례는 '흑인에 대한 억압적 이데올로기와 비하적 이미지의' 재협상을 위한 풍요로운 영역을 제공해왔다.[20]

영화감독들의 캔버스가 된 슈트

영화, 사진, 공연 분야에서는 1980년대와 1990년대에 원숙해지는 한 세대가 정교한 슈트 착용이라는 오래된 유산에 근거하여 이른바 포스트-블랙post-black 미학을 연마했다. 런던에서 뉴욕까지 걸쳐 있으면서, 새로운 탈식민지적 블랙 아틀란틱Black Atlantic

이케 우데, 〈의복의 무정부 상태 30 Sartorial Anarchy 30〉, 사틴 페이퍼에 피그먼트(2013).

을 그려내는 아이작 줄리언Isaac Julien(*1960~, 영국의 설치미술가이
자 영화감독), 이케 우데Iké Udé(*1964~, 나이지리아 태생의 미국 사진가
이자 행위 예술가), 잉카 쇼니베어Yinka Shonibare(*1962~, 나이지리아 계
통의 영국 예술가)를 비롯한 예술가들의 선명한 재능은 억압당한 성
性과 인종의 정치경제사에서 슈트가 차지하는 위치에 대한 파괴
적인 일련의 비판들 속에서도 의상의 영역을 다시금 공들여 만들
어냈다. 줄리언은 할렘 르네상스Harlem Renaissance(*1920년대 뉴욕
할렘 지역에서 꽃핀 흑인들의 문학 및 음악) 시인인 랭스턴 휴즈Lanston
Hughes(*1902~1967, 인종차별에 저항하는 시를 많이 발표한 미국의 시인)
의 금지된 욕망들을 시적으로 다시 그려내고, 우데는 극도로 브랜
드화된 소비주의의 맥락에서 댄디화된 기술을 다시 개념화했으며,
쇼니베어는 서아프리카 직물이라는 무대 위에 하이 빅토리안High
Victorian(*빅토리아 여왕 재위 시기인 1850년대에서 60년대에 되살아난 고딕
스타일을 일컫는 말) 제국주의를 다시 등장시켰다. 이 세 인물은 모두
문화 비평가인 스튜어트 홀이 흑인 스타일의 체현된 본질을 강조
하도록 이끌었다. 깊숙이 일어난 의복의 전환은 흑인 문화 산출에
적절히 잘 맞아떨어졌다.

나는 여러분이 흑인 레퍼토리 안에서 스타일이—주류 문화
비평가들이 단지 겉껍질이라거나 포장지, 설탕 코팅에 불과
하다고 믿는 스타일이—어떻게 그 자체로 현재진행 중인 주
제가 되었는지에 주목하길 바랍니다…. 이 문화들이 육체를

—육체가 마치 우리가 지닌 유일한 문화 자본인 것처럼—사용한 방식에 대해 생각해보십시오. 우리는 재현을 위한 캔버스로서 우리 자신에 대고 작업해왔습니다.[21]

홀의 전략은 흑인 문화에만 한정되는 것은 아니다. 권력과 정체성 그리고 체현embodiment에 관한 연구 대상으로서 슈트는 주류 포스트모던 문화 생산의 핵심이기도 했다. 미술, 음악, 영상에서 1980년대 비즈니스 정장의 특징이었던 넓은 어깨의 실루엣이 규칙적으로 등장했다. 1984년 미국의 아트 팝art pop 밴드인 토킹 헤즈Talking Heads는 조너선 드미Jonathan Demme 감독과 작업한 콘서트 영화 〈스탑 메이킹 센스Stop Making Sense〉를 내놓았다. 이 영화에서 리드 싱어 데이비드 번David Byrne이 〈걸프렌드 이즈 베터Girlfriend Is Better〉를 부를 때 입었던, 크게 부풀린 듯한 회색 슈트는 무척 유명해졌다. 번의 의상은 록 가수들의 전형적인 무대의상보다는 일본의 전통 가무극인 노能 공연이나 보이스의 갤러리 설치미술 작품들의 양식화된 몸짓에 더 가까웠다. 그것은 당대의 가식과 (당시는 여피yuppie가 유세를 떨치던 시대였다) 괴물 같은 예술가의 자아自我에 대한 영리한 풍자였다. 2년 뒤인 1986년 영국의 밴드인 뉴 오더New Order 또한 예술을 지향하면서 〈비자르 러브 트라이앵글Bizarre Love Triangle〉 뮤직비디오 제작을 위한 영감의 원천으로 슈트를 이용했다. 뉴욕의 미술가이자 영화감독인 로버트 롱고Robert Longo는 슈트를 입은 채 폭행당하는 남성들을 그린 자신의 실물 사이즈의 드로잉에 기초해 이미지를 만들어 제시했다. 그는 이 드로잉으로 추락하는 인물들의 연속적인 이미지를 창조해냈는데, 이는 2001년 9월 뉴욕의 세계무역센터 빌딩에서 몸을 던진 피해자들의 영상 자료를 미리 보여주는 듯해서 으스스한 느낌마저 든다.[22]

　　포스트모던 미술과 음악의 매체로서 슈트를 동원하는 것 말고도 대중적인 영화감독들과 의상 디자이너들 역시 평론가 및 이론가와 더불어 슈트를 자신들의 캔버스로 활용하는 법을 잘 알고 있었다. 20세기의 아이콘과도 같은 영화들에서 주연배우의 의상이 캐릭터 설정이나 이야기 전개에 중요하게 작용하기도 했다. 이제 고전이 된 알프레드 히치콕의 1959년작 〈북북서로 진로를 돌려라 North by Northwest〉에서 매디슨 애비뉴Madison Avenue(*광고 회사들이 몰려 있는 뉴욕의 거리, 미국의 광고계를 상징한다)의 광고업자 로저 손힐 Roger Thornhill(캐리 그랜트 분扮)은 냉전 콤플렉스를 드러내는 시나리오를 통해 정부의 스파이라는 누명을 쓰고 2인조 비밀 요원들에게 추적을 당한다. 로저는 그러는 동안에도 특유의 우아한 슈트를 입고 있으며, 이 의상을 통해 드러나는 인물의 멋 또한 계속해서 유지된다. 아이콘과도 같은, 절대 파괴되지 않을 것처럼 보이는 그랜트의 슈트는 어떤 종교적인 암호 및 예술 두 가지 모두로서 기능한다. 그의 슈트는 삼위일체에 대한 반향으로, 변함없는 일상의 의미에서 고전적 슈트의 정신에 대한 우리의 공통된 이해를 표현한다. 그의 슈트는 믿기 힘들 만큼 변화와 반전이 심한 영화 내러티브의 매개체이며, 키 크고 말쑥한 스타의 든든해 보이는 외모를 반영하

데이비드 번. 〈스탑 메이킹 센스〉 홍보 포스터(1984).

알프레드 히치콕의 〈북북서로 진로를 돌려라〉에 출연한 캐리 그랜트(가운데)(1959).

는 동시에 구성한다.[23]

　　최근에 조너선 페어스Jonathan Faiers는 영화에서 패션이 차지하
는 불안정한 역할을 분석하면서 캐리 그랜트가 〈북북서로 진로를
돌려라〉를 비롯해 〈샤레이드Charade〉 및 〈베이비 길들이기Bringing
Up Baby〉와 같이 주목할 만한 다른 영화에서 입고 나온 의상에 대하
여 논의한 바 있다. 페어스는 할리우드 스타들 중에서도 가장 멋지
고 당당한 인물로 꼽히는―새빌 로의 맞춤옷 업체인 킬거프렌치앤
스탠베리Kilgour, French & Stanbury의 후원 및 자신의 뛰어난 외모와 태
도 덕분에 스크린 안팎에서 깔끔한 고상함의 대명사로 널리 알려

진—캐리 그랜트를 인정하면서 그의 슈트에 특별한 마법을 부여했다. 그것은 반세기가 지난 지금까지 부적과도 같은 힘을 유지하고 있다.

> 영화에 등장하는 대다수의 슈트는 단순히 위신과 권위, 보수적 태도 등의 의미를 내포하는 데 반해, 어떤 의상의 조합들은 이미 예상된 기능을 초월하여, 그것을 입고 있는 이들에게 신화적 지위를 부여하는 '갑옷'과도 같은 초超기능적 실존을 확보하기도 한다.[24]

그랜트의 슈트만이 틴셀타운Tinseltown(*미국의 대형 영화 극장 체인)의 마법 슈트였던 것은 아니다. 일링Ealing(*영국의 영화 스튜디오 이름으로 1930년대에서 1950년대까지 독특한 코미디 시리즈를 제작한 것으로 유명하다)의 1951년작 풍자극 〈흰 양복을 입은 사나이The Man in the White Suit〉에서 알렉 기네스Alec Guinness가 연기한 시드니 스트래턴Sydney Stratton이란 인물이 입고 발전시킨 흰색 슈트는 1950년대의 편집증적 강박을 공유했다. 이 슈트의 (먼지가 묻지 않고 부식되지도 않는다고 보증하는) 혁명적 특성은 영국 섬유산업 노동자들의 고용 안정성을 뒤흔들 만큼 위협이 되는 것이며, 이 영화는 공산주의와 고삐 풀린 (그 결과로 매우 영국적인 혼란과 타협이 선호되는) 자본주의 양쪽 모두의 위협을 나타내는 메타포로 작용한다.

안데르센 동화 속 임금님의 옷이 그랬던 것처럼, 스트래턴의 새 옷은 그를 웃음거리로 만들며 고립시켰다. '그가 입은 하얀 슈트는 지적이고 과학적으로 탁월함을 나타내는 상징에서 수치스러운 제복으로 변한다. 그에 따라 그 자신도 사람들의 적이 되고 마는데… 눈부신 옷차림 때문에 몰래 도망갈 수도 없다.'[25] 스트래턴의 슈트는 놀라울 만큼 환하고 당시 유행을 따라 풍만하게 디자인된 것이었다. 그 때문에 디오르가 여성복 분야에서 처음 도입한 화려한 매력의 뉴룩New Look(*1947년에 시작된 여성복 트렌드로 풍성한 롱 스커트가 특징적이다)을 두고 비평가들이 패션과 육체에 관해 벌였던 도덕적 논쟁이 다시 일어나기도 했다.[26] 히치콕이나 알렉산더 매켄드릭Alexander Mackendrick(*1912~1993, 〈흰 양복은 입은 사나이〉를 비롯해 일링 스튜디오의 코미디 영화들을 만든 미국 태생의 스코틀랜드 영화감독)처럼 기량이 뛰어난 영화감독들에 의해 전후戰後 테일러링이 스토리텔링의 잠재적 재료로 변환될 수 있었던 것은 분명한 사실이다.

상징적인 면에서나 사회적인 면에서나 더욱 큰 영향력을 행사한 것은, 이안 플레밍Ian Fleming의 첩보 소설 시리즈를 각색하여 1962년 테렌스 영Terence Young이 감독하고 숀 코너리Sean Connery가 주연한 〈007 살인 번호Dr No〉에서부터 제임스 본드James Bond라는 캐릭터가 입었던 슈트다. 에든버러Edinburgh 태생의 노동계층 출신인 코너리는 플레밍의 원작 소설 속 영웅보다 품행이 덜 세련되게 보이기는 했지만, 제임스 본드라는 캐릭터에 '보통 사람'의 매력을 불어넣었다. 이러한 매력은 영국 청년들의 육체와 슈트를 동시에 경쟁적으로 재규정하는 성과 계급에 관한 법칙 및 규칙의 개방에 대한 반향이었다. 앤드류 스파이서Andrew Spicer는 코너리가 성공할 수 있었던 핵심 열쇠를 다음과 같이 요약했다.

> 그는 전통적인 영국 신사의 영웅적인 애국심은 물론이고 '스윙잉 식스티스Swinging Sixties'(*세계대전의 폐허로부터 벗어나 새롭고 활기찬 기운으로 가득 찼던 1960년대를 가리키는 향수 어린 명칭)를 구현하는 국제적인 플레이보이의 죄의식 없는 바람기를 모두 한 인물 안에서 체화해 표현했다. 제임스 본드는 대서양 양안에서 세련되고 쾌락적이며 자유로운, 소비의 영웅이 되었다…. 그는 관객들과 같은 보통 남자이면서, 동시에 관객들이 열망하는 성공적인 멋진 삶과, 국제적으로 확장된 현대 사회의 계층을 뛰어넘는 영웅이라는 환상이 투사된 인물이었다. 〈007 살인 번호〉에 대한 한 리뷰에서는 코너리를 가리켜 "정력적이고 거칠면서도 완벽하게 차려입고, 모든 것을 아는 듯한 본드라는 속물적 영웅 배역에 흠잡을 데 없이 들어맞는 캐스팅"이었다고 극찬했다.[27]

코너리는 개인적 배경에 명백한 결점이 있었지만, 어떤 의미에서는 그의 무뚝뚝한 남자다움을 이용해 오히려 원작자 플레밍이 제시한 완벽한 스타일에 대한 세심한 기준을 충족시키는 이상적인 모델을 제시할 수 있었다. 코너리는 현란한 패션을 거부하고 컨두잇 스트리트Conduit Street(*런던의 행정, 상업, 문화 시설이 집중되어 있는

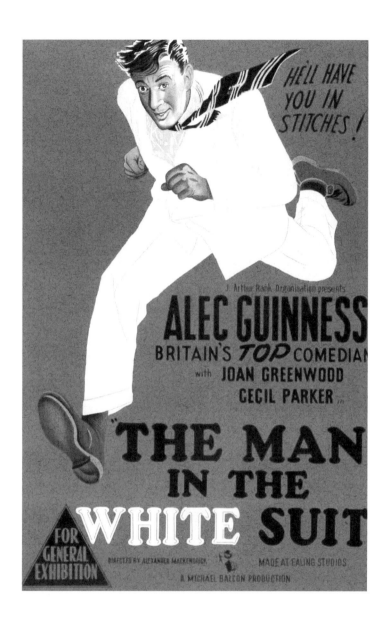

일링 스튜디오의 〈흰 양복은 입은 사나이〉 홍보 포스터(1951).

〈007 살인 번호〉에서 제임스 본드로 분한 숀 코너리(1962).

웨스트엔드 지역의 한 거리)의 앤서니 싱클레어 Anthony Sinclair가 제작한 우아한 슈트들을 입었다. 이 슈트들은 영국 근위병의 절제된 스타일의 규칙을 고수했으며, 1971년까지 코너리가 여섯 편의 본드 영화에 출연하는 동안 거의 변하지 않았다.[28]

이후에 나온 영화들에서 제임스 본드는 훨씬 더 당시 유행을 따르는 의상을 입고 등장했다. 그런데도 로저 무어 Roger Moore가 입은, 나팔바지에 폭이 넓은 라펠이 특징인 사파리 슈트 safari suit는 매력적이지만 사회적으로 용납되지 않던 1970년대와 1980년대 초반의 맥락을 나타내는 필수적 기표가 되었다. 이는 상류층 테일러이자 스윙잉 런던 Swinging London(*1960년대 런던을 중심으로 영국 젊은이들이 일으킨 문화혁명으로, 음악과 패션 등 영국의 대중문화가 세계로 수출되는 계기가 되었다)에 충실했던 더그 헤이워드 Doug Hayward가 아주 짧은 패러디 안에 들어맞도록 주의 깊게 조절한 것이었다. 1995년 〈골든아이 GoldenEye〉에서 2006년 〈카지노 로얄 Casino Royale〉에 이르기까지 본드 역을 맡은 피어스 브로스넌 Pierce Brosnan과 대니얼 크레이그 Daniel Craig는 이탈리아 로마의 테일러 브리오니 Brioni가 만든, 좀 더 매끄러운 라인을 통해 드러나는 활동적인 육체를 표현했다. 이는 이 시기에 남성복 분야를 지배했던 이탈리아 취향과 (영화 의상 디자이너 린디 헤밍 Lindy Hemming이 선호했던) 그 업체의 산업적 능률성을 모두 반영하는 것이었다. 역시 이탈리아 테일러링 전통에 빗진 바가 있는 미국 디자이너 톰 포드는 크레이그가 맡은 후속 배역들을 통해 더욱 샤프하고 국제적인 테마를 계속 이어나갔다.[29]

〈스카이폴Skyfall〉에서 제임스 본드를 연기한 대니얼 크레이그(2012).

 플레밍의 소설에 있는 본래 설정에서 시간적으로 멀어져 앞으로 나갈수록, 코너리의 슈트에 바느질로 새겨졌던 신중하고 엄격하게 통제된 영국 남성성의 표지들은 어쩔 수 없이 조금 풀어질 수밖에 없을 것이다. 그러나 전 세계 관객들을 대상으로 하는 것이지만, 야망을 표현하는 도구로서 슈트의 역할은 제임스 본드 시리즈의 변치 않는 한 측면으로 계속되리라는 것은 분명해 보인다.

물질적 슈트는 어떻게 자신의 암호가 되었을까?

누구나 새로움을 칭송하고, 제임스 본드와 같은 변치 않는 가치가 와해되는 것을 (빈티지 애호가들을 제외하고는) 아무도 슬퍼하지 않는 세상에서, 우리는 어떻게 슈트가 지닌 지위를 가늠하고 평가할 수 있을까? 단순한 미학이나 문학 또는 영화라는 재현의 형태를 넘어서, 내러티브의 의미가 패션의 마케팅과 이해에 이미 내장된 요소로 통합된 디자인의 맥락에서, 물질적 슈트는 어떻게 슈트 자신의 암호가 된 것일까? 테일러링의 언어는 종종 현대 예술 관행의 이해관계 때문에 흐려지긴 하지만, 21세기에도 여전히 아방가르드 패션의 변형된 어휘 체계의 일부로 계속 이어지고 있다. 그렇다면 우리는 그 물리적 형태가 어떤 것이 되었든 새로운 슈트의 언어가 복잡하고 도전적인 언어로서 남게 되리라고 확신할 수 있을 것이다. 그러나 답을 요구하는 질문 또한 끈질기게 이어지고 있다. 벌거숭이 임금님의 새 옷이 우리 눈에 보였다면, 그 옷은 대체 어떻게 생긴 옷이었을까?

여러 면에서 볼 때, 우리가 '새로운 슈트'라고 부를 수 있는 것은 좀 더 일반적으로 말하자면 현대성 안에서 패션의 위치가 수정되는 현상(즉 슈트의 급진화)이다. 한때 하이 패션high fashion의 문화적·경제적 기능이 영향력 있는 위치에서 사회적·미학적 변화를 조성하거나 아니면 (미들 마켓middle market의 경우에) 더 폭넓은 산업적 맥락에서 그러한 변화에 대응하던 곳에서는, 이제 스스로 규정한 급진적인 패션의 역할이 오늘날 실존의 부침浮沈에 대해 매우 전문적인 해설을 제시해줄 듯하다. 이것은 종종 주류 의류 제조업자들과 소비자들의 즉각적인 걱정거리와는 큰 관련성이 없는 편협한 비평이 되곤 한다. 하지만 장르, 위계, 재현, 스타일에 대한 내부의 문화적 논쟁과 관련된, 좀 더 실제적으로는 올바른 관심을 포착하는 것과 관련된 모든 요소를 지니고 있기도 하다. 이런 의미에서 (여성복만큼이나 남성복에 대해서도) 패션의 방향을 지시하는 언명에 걸맞은 자연스러운 장소는 이제 거리나 상점 또는 옷장이 아니라, 미술관이나 디자인 박물관, 전문화된 웹사이트, 학술지 등이다. 자세히 들여다보면 그러한 제품들은 착용하기보다 전시될 목적으로 만들어진 듯 보이는 경우가 많다. 놀랍도록 동떨어져 있지만 때로는 고통스러울 만큼 아름답기까지 한 이 제품들의 모습은 가장 순수한 의미에서 인위적이며, 시장의 관심사와 기능적 편의성을 넘어서는 공예의 경지와 광범위한 권력을 구현한다.

이 분야의 주역들은 (가와쿠보 레이川久保玲, 비비안 웨스트우드Vivienne Westwood, 알렉산더 맥퀸, 드리스 반 노튼Dries Van Noten, 마르틴 마르지엘라Martin Margiela, 에디 슬리먼Hedi Slimane을 비롯하여, 전통적인 테일러링 업체들과 더욱 가깝게 연합하고 있는 리처드 제임스Richard James와 톰 브라운Tom Browne 포함) 건축가, 미술가, 음악가, 철학자 들의 작업 방식과의 친연성을 번번이 강조했다. 그러면서 자신들의 작업에 대한 논의에서 상업에 관한 언급은 의도적으로 피했다. 알렉산더 맥퀸은 자신이 속한 세대에서 슈트의 내

밀라노에서 열린 2009년 가을/겨울 패션쇼 〈맥퀸스베리 룰즈The McQueensbury Rules〉에서 알렉산더 맥퀸은 세기말 댄디즘을 위협적인 것으로 해석하면서, 우아한 전복顚覆에 대한 자신의 재능을 선보였다.

재된 아름다움을 해석하는 데 가장 뛰어난 인물이다. 육체를 변형하고 역사 및 관념의 세계와의 끊임없는 관계를 환기시키는 확신과 열정으로 제작된 그의 남성 및 여성 슈트는 가능성의 한계를 더욱 확장하면서 일반적인 만족의 수준을 넘어서는 열망을 불러일으킨다. 2006년《언아더 맨AnOther Man》에 실린 수재너 프랑켈Susannah Frankel과의 인터뷰에서 맥퀸은 슈트의 불가해성, 즉 의미를 가지고 끊임없이 장난하는 슈트의 특성을 거의 인정하는 듯 보였다.

> 테일러링은 마치의 건설 작업과도 같습니다. 그건 디자인보다 고된 작업이죠. 하루가 다 지나도록 싱글이든 더블이든 재킷 하나를 붙잡고 있는 겁니다. 그 작업을 재미있게 하는 것은 내러티브예요. 그 뒤에 로맨스와 디테일이 더해진… 맥퀸을 뛰어나게 만드는 것은 바로 디테일입니다. 예전에 그랬던 것처럼 옷이 가보家寶가 되었으면 좋겠습니다…. 당신이 무언가로 돌아가게 될 때, 그 무언가는 결국 당신이 어떻게 계속 움직여왔는지에 관한 것이 될 겁니다. 내 경우엔, 마음에서 나온 것이라면 무엇이든 내가 할 수 있다는 사실일 뿐입니다.[30]

어떤 비평가들은 이러한 의견을, 즉 급진적 패션이라는 개념을 무력한 넌센스, 다시 말해 손상된 지성과 도덕적 해이를 드러내는 증상으로 보기도 하는데, 그리 놀라운 일이 아니다. 그러나 뇌리에서 떠나지 않는 이미지들, 특히 테일러드 슈트의 플라톤적인 형상에서 비롯한 이미지들은 대상-유형object-type의 진보에 관한 적절한 결론을 제시하고 있다. 이 대상-유형의 형식은 지난 400년간의 진화 과정에서 논쟁과 대립과 퇴행을 향한 독특한 초점을 제공해왔으며, 21세기에 드리워진 이 대상-유형의 그림자는 이전에 그것이 사회적 변화와 통제의 매개체로서 지녔던 권력이 점차적으로 위축되고 있음을 나타낸다.[31]

맺는말: 슈트의 미래

2014년《런던 리뷰 오브 북스London Review of Books》에 실린 한 기사에서 스코틀랜드 소설가 앤드류 오헤이건Andrew O'Hagan은 런던 패션위크의 남성복 패션쇼에 참석한 뒤 남성복이 처한 상황에 관해 골똘히 생각했다. 그는 남성복에 대해 신랄하고 풍자적으로 접근하면서—그 이전에 이미 많은 관찰자들이 했던 것처럼—하이패션을 구성하고 있는 여전한 넌센스에 대해 언급했다. '공작새' 같은 경향의 기원을 에드워드 7세 국왕의 미성숙한 관심사까지 거슬러 올라가 밝히는 한편, 런던 패션쇼에 모여들어 '속바지에 매달리는 이들'(패션 저널리스트, 사진사, 스타일리스트, 블로거, 디자이너, 팬) 사이에서 계속되는 사치스러운 장신구에 대한 관심을 지적하면서, 오헤이건은 이 기묘한 족속의 관습들에 경탄했다. 그는 마치 19세기 탐험가나 인류학자처럼 그 불가사의한 이국적 정취를 극찬했다. 동시에 절대 멸종하지 않을 듯한 긴밀히 결속된 한 문화 속의 새로워진 진동을 규명했다.

사흘 동안 대략 70개의 쇼가 열렸는데, 어떤 쇼는 눈을 멀게 할 정도로 현란하고, 또 어떤 쇼는 그냥 조금 흥분되는 정도였다. 흥분은 멋진 것에 크게 흥미를 느끼는 사람의 자연스러운 상태다… 리처드 제임스의 쇼는 파크 레인Park Lane의 기다란 유리 복도에서 열렸는데… 군대가 테마였으며, 타는 듯한 모

래사막 위에서 느낀 공포나 갈증과는 반대되는 모습으로 데저
트 래츠Desert Rats(*2차 세계대전 북아프리카 전투에서 활약한 영국
의 제7기갑부대를 가리키는 별칭)의 수완과 카키색 군복의 겸양
그리고 금발 머리와 황갈색 피부의 진중함을 그려냈다. 새 보
급품에서 나온 셔츠에는 식민지 지도가 프린트 되어 있고, 빳
빳한 흰색 슈트에는 상상 속 오아시스에서 피어난 꽃들이 선
명히 새겨져 있었다.[1]

오헤이건은 《런던 리뷰 오브 북스》의 줄어든 독자들을 위해
오늘날의 현실적인 현상 하나를 해석하고 있지만, 그 효과는 서너
해 동안 대중매체에서 이미 명확해진 것이다. 영국 사회학자들은
1980년대 후반부터 1990년대까지 많은 시간을 할애하여 이 현상
을 분석했으며, 소비의 역사에서 한 가지 신선한 범주를 만들어낸
전통적 남성성의 개념에 닥친 명백한 위기 상황에 초점을 맞추었
다. 신남성new man(*남녀 관계에 대해 현대적인 생각을 지니고 가사와 육
아 등을 여성과 분담하는 새로운 유형의 남성)과 그에 상응하는 메트로섹
슈얼metrosexual(*도시적이면서, 패션과 쇼핑에도 관심이 많은 이성애 남자)
이 등장한 것이었다.[2] 소비자들의 이러한 변화를 반영해 남성복 디
자이너들 또한 지난 20년 동안 훨씬 넓어진 인지도를 즐기고 있다.
또한 개념들과 새로운 계통들이 장려되는 언어를 통해, 일반적으
로 여성복과 결부된 과장된 담론과 공통된 바탕을 공유하게 되었
다. 남성복에 찾아온 이러한 르네상스는 분명히, 남성복이 디자인

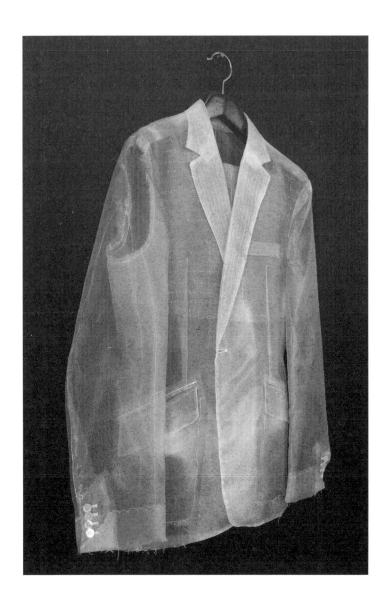

〈네이키드 슈트The Naked Suit〉, 리처드 제임스와 미술가 스펜서 튜닉Spencer Tunick 콜라보레이션,
《에스콰이어Esquire》(2009).

되어 판매되고 소비되는 사회 및 경제의 맥락이 변하고 있음을 반영하는 것이다. 패션 이론가 호세 테우니센José Teunissen이 주장해왔듯이, 금융 위기와 환경문제 그리고 고급 품질에 익숙한 소비자 세대가 등장함으로써 좀 더 미묘한 차이가 느껴지는 남성복이 번성할 수 있게 되었다. 세계적인 명품 브랜드들은 여성 품목의 매출이 정체된 상황에서 남성 품목 시장에 딱 맞는 고기능성 제품들을 내놓을 수 있었다. 인도와 중국에서 새롭게 등장한 야심 찬 중산층을 대상으로 하는 판촉 활동은 맞춤옷 및 명품 생산업체들을 오히려 강화시켰다. 그러는 사이에 스포츠로 단련하고 화장품으로 가꾼 이상적인 남성 육체의 대상화objectification는 자기도취적인 신남성의 시선을 자신에게로 향하게 만들었다. 이 모든 변화 과정에서도 남성복에 첨부되는 완벽한 형태와 기능이라는 오래된 가치는 계속 유지되었으며, 번성하기까지 했다.[3]

이 모든 마케팅과 광고 뒤에서도 슈트는 창의성을 드러내는 도구이자 아름다운 대상으로 남아 있었다. 그 어느 때보다 전위주의의 급습에 더 노출되어 있지만, 슈트의 고전적인 윤곽선은 자신의 우상파괴적 의도를 증명해 보이는 데 민감한 새로운 세대의 남성복 디자이너들도 저항하기 어려운 것이라는 사실이 드러났다. 2008년 패션 저널리스트 하이웰 데이비스Hywel Davies는 당시의 트렌드를 따라서, 유럽과 미국의 기성 및 신인 인재 목록을 작성했는데, 이 인재들은 왕립예술학교Royal College of Art의 남성복 교사 아이크 러스트Ike Rust가 "이제는 여성복이 너무나 지루해진 나머지 남

브룩스 브라더스의 최고 경영자 클라우디오 델 베키오Claudio Del Vecchio, 리젠트 스트리트Regent Street의 매장(2008).

성복에 의해 창조적으로 잠식되었다는 것이야말로 실제로 벌어진 일"[4]이라고 주장한 데 대한 묘한 매력의 시각적 증거를 제공해주었다. 태양 아래 새로운 것은 없다는 말은 패션 분야에선 너무나 당연한 것이다. 그리고 런던의 카나비 스트리트Carnaby Street와 킹스 로드King's Road에서 그전에 일어난 공작새 혁명peacock revolution(*남성들이 화려한 패션을 선호하게 된 현상을 일컫는 말로 1960년대에 처음 등장했다)과 평행선을 긋는 것은 흥미로운 일이다. 이 시기에 왕립예술학교의 또 다른 교사 한 명이 책을 냈는데, 남성 패션의 미래에 일어날 멋진 일들을 예견했다.[5] 그러나 1960년대의 혁명이 지역적으로

오즈월드 보텡Ozwald Boateng(*영국의 전통 맞춤 슈트를 변형하는 것으로 유명한 영국 디자이너)
(2007).

폴 스미스Paul Smith(*1946~, 여러 색깔의 스트라이프 무늬를 사용하는 것으로 유명한 영국 디자이너), 옥스퍼드 유니언Oxford Union 토론회(1997)

폴 스미스 남성복 컬렉션, 2008-2009 가을/겨울.

국한되었으며 제품에 소진되어 급격히 사라졌던 그 자리에서 올해 (2016년) 일어난, 새롭고 고무적인 의상의 변주를 향한 욕구는 더 오랫동안 더 멀리까지 미칠 듯 보인다.

요즘 주류 예술 저널리즘의 남겨진 공간을 주로 구성하고 있는 것 같은 리스티클listicle(*잡지나 블로그 등에서 목록 형식으로 작성되는 기사를 가리키는 신조어) 스타일을 따라서 의미 있는 현대적 대상물로서 슈트의 미래를 보증하는, 가장 중요한 21세기 남성복 디자이너 15명의 이름을 나열하는 일은 무척이나 흥미진진해 보인다. 기성세대에서는 폴 스미스와 비비안 웨스트우드가 각자 다른 특유의 관용적 표현들을 통해 모드Mod와 펑크Punk의 문법이 계속해서 슈트의 언어를 형성하리라는 확신을 준다. 그들의 패기만만한 절충주의는 국제시장, 특히 아시아 시장에서 선호된다. 오즈왈드 보텡과 리처드 제임스는 새빌 로의 고루한 수사법을 선명한 색상과 더욱 샤프한 형태를 이용해 현대화하는 데서 비슷한 솜씨를 발휘했다. 안트베르펜에서는 드리스 반 노튼과 마르틴 마르지엘라가 각기 공예와 고급 재료에 대한 리포커싱refocusing(*사업이 다각화된 상태에서 주력 분야을 다시 선택해 집중하려는 전략)과 함께 엄격한 개념주의를 도입했다. 이들은 일본 디자이너 야마모토 요지와 가와쿠보 레이의 현존하는 관례들을 반영했다고 주장할 수 있을 것이다. 명품 사업 분야에서는 톰 포드와 크리스토퍼 베일리Christopher Bailey가 각기 구찌와 버버리의 포트폴리오에서 방향성 있는 남성복에 다시 우선권을 부여했다는 점에서 칭찬받을 만하다. 그리고 의도적인 자극과 도발적인 기술이라는 면에서는 알렉산더 맥퀸, 에디 슬리먼, 베른하르트 빌헬름Bernhard Willhelm, 톰 브라운, 라프 시몬스Raf Simons 모두가 전례 없는 수준의 숭고함과 눈을 사로잡는 부조리를 슈트의 레퍼토리에 도입했다.

슈트의 스타일과 미학에서 이루어진 진보는 기술혁신으로 더욱 향상되었다. 슈트는 그 자체가 진화하는 기술의 한 형태로서, 새로운 것에 열광하고 미래의 가능성을 대변하게 된 패션과 섬유 산업 종사자들에게 최근에 발견한 성과로 직접 그림을 그려볼 수 있는 적절한 캔버스를 제공한 셈이다. 현재 시장에서는 바디 스캐닝body-scanning 기술을 이용해 정밀하게 측정된 치수에 따라 제작되고 디지털 프린팅 기술로 생산된다. 얼룩이 묻지 않고 방수가 될 뿐 아니라, 비싼 드라이클리닝을 할 필요도 없게끔 공학적으로 고안된 슈트들이 상점 진열대에 이미 나와 있거나 원본 제작 단계에서 대량 보급할 준비를 마친 익숙한 품목이 되었다. 공상과학소설과 전위적 실험 예술 영역에서 슈트의 언어는 옷에 대한 선구적인 연구 분야를 통해 차용되고 있다. 이런 분야에서는 폭력적인 공격이나 감시 체계에 맞선 무기나 대량 데이터 전송용 통신 기구로 사용되는 옷과, 새로운 바이오 섬유를 생산하기 위한 생태학적 체계 그리고 의학 및 심리학 분야에서 인체에 관여할 수 있는, 즉 인체에 약물을 투여하거나 기분을 개선해주는 피막 등을 연구하고 개발한다.[6] 시간을 초월하는 적응력을 통해 슈트는 현대성의 아이콘이며 매개체로서 계속 살아남을 것이 분명하다.

여성 남성복 모델인 엘리엇 세일러스가 비비안 웨스트우드의 2015년 가을/겨울 남성복 컬렉션 패션쇼에서 좁은 무대 위를 걷고 있다.

일상생활의 좀 더 평범한 환경에서는, 법조계와 금융계의 젊은 내 친구들을 비롯한 많은 사람이 금요일엔 캐주얼 차림으로 출근하자고 주장하거나 디지털 시대의 격식을 덜 차리는 분위기를 옹호한다. 그럼에도 슈트는 직업 세계에서 차이와 능력을 나타내는 귀중한 상징으로 남을 것이라며 나를 안심시킨다. 미국 전역에서는 격식을 재보증하는 브룩스 브라더스가 여전히 사무실 에티켓을 형성하고 있다. 학계와 예술계에서는, 대부분의 경우 나 자신조차 슬픈 중년 힙스터의 트위드, 진, 브로그brogues(*표면에 작은 구멍들을 뚫어서 무늬를 낸 가죽 구두)로 되돌아가긴 하지만, 행사나 공식적인 업무가 있을 땐 회색 라운지 슈트에 검정 넥타이를 맞춰서 한 벌로 차려입는다. 대략적으로 말하자면, 내 옷차림은 아버지나 할아버지 세대의 외양을 규정했던 옷차림에서 크게 달라지지 않았다. 결국 이 모든 것에는, 인류의 문명을 특징짓는 이성, 평등, 아름다움, 진보라는 가치가 슈트와 함께 계속되는 한, 슈트 역시 지금으로부터 또다시 400년을 이어가리라는 희망이 있다.

감사의 글

이 책을 완성할 수 있었던 것은 여러 사람과 기관의 도움 덕분이다. 비비안 콘스탄티노풀로스 편집장은 인내심을 발휘하며 전문가답게 조언해주었다. 앤 맥케나는 행정적으로 도왔고, 엘리자베스 거너드는 능숙한 사진 조사기술을 발휘했다. 에든버러 대학 내 에든버러 예술학교Edinburgh College of Art의 연구조사위원회와 스코틀랜드 대학을 위한 카네기 신탁Carnegie Trust for the Universities of Scotland에서는 재정적으로 지원해주었다. 빅토리아앨버트 미술관과 에든버러 대학의 과거 및 현재 동료들 그리고 학회와 세미나에서 연구 방안을 제안해준 모든 이들이 이루어놓은 소중한 지적 공헌과 실천적 기여도 큰 도움이 됐다. 소장하고 있는 사진 및 그림과 자료를 이 책에 사용하도록 너그러이 허락해준 분들과, 집 안에서 내게 관대함을 베풀어준 나의 동반자 제임스 브룩에게 감사드린다.

주

머리말: 테일러의 예술

1 M. A. Laugier, *Essai sur l'architecture* (Paris, 1753).

2 A. Loos, 'Praise for the Present', in *Adolf Loos: Why a Man Should be Well Dressed*, M. E. Troy 번역 (Vienna, 2011), pp. 14-15.

3 E. Ostick, *Textiles for Tailors* (London, c. 1950).

4 N. Owen and A. Cannon Jones, 'A Comparative Study of the British and Italian Textile and Clothing Industries', *DTI Economics Paper*, ii (2003), pp. 38-9.

5 위의 책, p. 39.

6 S. Vincent, *Dressing the Elite: Clothes in Early Modern England* (Oxford, 2003), pp. 104-7. C. Collier Frick, *Dressing Renaissance Florence: Families, Fortunes and Fine Clothing* (Baltimore, md, 2002), pp. 228-30. U. Rublack, *Dressing Up: Cultural Identity in Renaissance Europe* (Oxford, 2010)도 참조.

7 E. Currie, 'Diversity and Design in the Florentine Tailoring Trade, 1550-1620', in *The Material Renaissance*, ed. M. O'Malley and E. Welch (Manchester, 2007), p. 154.

8 위의 책, pp. 163-8.

9 D. Kuchta, *The Three-piece Suit and Modern Masculinity: England, 1550-1850* (Berkeley, ca, 2002), pp. 162-78.

10 J. C. Flugel, *The Psychology of Clothes* (London, 1930), p. 113.

11 Kuchta, *The Three-piece Suit*, pp. 17-50.

12 A. Hollander, *Sex and Suits: The Evolution of Modern Dress* (New York, 1995), pp. 63-110.

13 C. Breward, 'Manliness, Modernity and the Shaping of Male Clothing', in *Body Dressing*, ed. J. Entwistle and E. Wilson (Oxford, 2001), p. 166.

14 E. Giles, *History of the Art of Cutting in England* (London, 1887), p. 118.

15 위의 책, p. 124.

16 위의 책에서 인용, p. 133.

17 C. Compaing and L. Devere, *The Tailor's Guide* (London, 1855), pp. 18-19.

18 Giles, *History of the Art of Cutting*, p. 144.

19 위의 책에서 인용, p. 150.

20 위의 책에서 인용.

21 이 유행어는 1994년에서 1997년 비비시BBC에서 방영된 영향력 있는 코미디언 찰리

힉슨Charlie Higson과 폴 화이트하우스Paul White House의 코미디 프로그램 〈패스트쇼The Fast Show〉에서 나왔다.

22 T. H. Holding, *The Tailor and Cutter*, 15 July 1880, p. 245.

23 J. B. Paoletti, 'Ridicule and Role Models as Factors in American Men's Fashion Change 1880-1910', *Costume*, xxxix (1985), pp. 121-34.

24 Anon., 'The New Style of Tailoring', *The London Tailor*, 13 August 1898, p. 1.

25 Owen and Jones, 'A Comparative Study', p. 52.

26 Hollander, *Sex and Suits*, p. 3.

1 마침맞는 옷, 슈트

1 E. Carpenter, 'Simplification of Life' (London, 1886), quoted in B. Burman, 'Better and Brighter Clothes: The Men's Dress Reform Party, 1929-1940', *Journal of Design History*, viii/4 (1995), p. 275.

2 D. Kuchta, *The Three-piece Suit and Modern Masculinity: England, 1550-1850* (Berkeley, ca, 2002), p. 80.

3 Quoted ibid., p. 82.

4 T. S. Abler, *Hinterland Warriors and Military Dress: European Empires and Exotic Uniforms* (Oxford, 1999), pp. 11-13.

5 D. Roche, *The Culture of Clothing: Dress and Fashion in the Ancien Regime* (Cambridge, 1994), p. 237.

6 위의 책, p. 229.

7 위의 책, p. 231.

8 J. Styles, *The Dress of the People: Everyday Fashion in Eighteenth-century England* (New Haven, ct, 2012), pp. 49-51.

9 위의 책, pp. 202-5.

10 위의 책에서 인용, p. 206.

11 J. Harvey, *Men in Black* (London, 1995), p. 158.

12 위의 책, p. 193.

13 C. Breward, 'On the Bank's Threshold: Administrative Revolutions and the Fashioning of Masculine Identities', *Parallax*, v (1997), p. 112에서 인용.

14 위의 책, p. 111.

15 H. Dennis Bradley, *Vogue: A Clothing Catalogue for Pope and Bradley* (London, 1912), pp. 12-13.

16 M. Zakim, *Ready-made Democracy: A History of Men's Dress in the American Republic, 1760-1860* (Chicago, il, 2003), p. 126.

17 S. Pearson, *Week Day Living: A Book for Young Men and Women* (London, 1882), p. 139.

18 J. Greenwood, *Odd People in Odd Places; or, The Great Residuum* (London, 1883), pp. 82-3.

19 J. Tynan, 'Military Dress and Men's Outdoor Leisurewear: Burberry's Trench Coat in First World War Britain', *Journal of Design History*, xxiv/2 (2011), p. 140.

20 위의 책에서 인용, p. 141.

21 위의 책, p. 154.

22 F. Mort, *Cultures of Consumption: Masculinities and Social Space in Late Twentieth Century Britain* (London, 1996), p. 135.

23 위의 책, pp. 138-9.

24 H. Amies, *Just So Far* (London, 1954), p. 245.

25 P. A. Cunningham, 'Dressing for Success: The Re-suiting of Corporate America in the 1970s', in *Twentieth-century American Fashion*, ed. L. Welters and P. A. Cunningham (Oxford, 2005), pp. 191-208.

26 G. Bruce Boyer, *Elegance: A Guide to Quality in Menswear* (New York, 1985), pp. 55-6.

27 P. York, *Style Wars* (London, 1980), p. 61.

28 위의 책, p. 65.

29 D. Kynaston, *The City of London*, vol. iv: A Club No More, 1945-2000 (London, 2001), p. 716에서 인용.

30 *Financial Times Weekend*, 13 March 1993, p. xix에서 인용.

31 *The Times*, 11 September 2000, p. 17.

32 C. Evans, 'Fashion Stranger than Fiction: Shelley Fox', in *The Englishness of English Dress*, ed. C. Breward, B. Conekin and C. Cox (Oxford, 2002), pp. 206-7. See also T. Carver, *The Postmodern Marx* (Manchester, 1998); and P. Stallybrass, 'Marx's Coat', in *Border Fetishisms: Material Objects in Unstable Spaces*, ed. P. Spyer (New York, 1998).

33 Stallybrass, 'Marx's Coat', p. 196, quoted in C. Evans, Fashion at the Edge: *Spectacle, Modernity and Deathliness* (New Haven, ct, and London, 2003), p. 257.

2 다른 나라, 다른 슈트

1 H. Amies, *The Englishman's Suit* (London, 1994), pp. 104-10.

2 Samuel Pepys, diary entry 1 July 1661, www.pepysdiary.com (27 August 2013 접속)에서 열람 가능.

3 Samuel Pepys, diary entry 30 March 1666, www.pepysdiary.com (27 August 2013 접속)에서 열람 가능.

4 A. Settle, *English Fashion* (London, 1948), p. 48.

5   P. York, 'Icons of Identity', *Country Life*, 1 February 1996, pp. 28-31.
6   S. Hall, 'Culture, Community, Nation', in *Representing the Nation: A Reader*, ed. D. Boswell and J. Evans (London, 1999), p. 42.
7   K. Hearn, ed., *Van Dyck and Britain* (London, 2009), p. 98.
8   A. Hart and S. North, *Seventeenth-and Eighteenth-century Fashion in Detail* (London, 2009), p. 130.
9   D. Maglio, 'Luxuriant Crowns: Victorian Men's Smoking Caps, 1850-1890', *Dress: The Journal of the Costume Society of America*, xxvii (2000), pp. 9-17.
10   E. Armfeldt, 'Oriental London', in *Living London*, ed. G. Sims, vol. i (London, 1906), pp. 81-2.
11   J. MacKenzie, ed., *Imperialism and Popular Culture* (Manchester, 1986).
12   H. Callaway, 'Dressing for Dinner in the Bush: Rituals of Self-definition and British Imperial Authority', in *Dress and Gender: Making and Meaning*, ed. R. Barnes and J. B. Eicher (Oxford, 1992), p. 241.
13   V. Wilson, 'Dressing for Leadership in China', in *Material Strategies: Dress and Gender in Historical Perspective*, ed. B. Burman and C. Turbin (Oxford, 2003), pp. 239-42.
14   위의 책, p. 244.
15   위의 책, p. 249.
16   위의 책, p. 251.
17   R. Ross, *Clothing: A Global History* (Cambridge, 2008), p. 159.
18   J. J. Wu, *Chinese Fashion: From Mao to Now* (Oxford, 2009), p. 3.
19   Wilson, 'Dressing for Leadership', p. 250.
20   T. Slade, *Japanese Fashion: A Cultural History* (Oxford, 2009), p. 81.
21   위의 책, pp. 92-4.
22   L. Dalby, *Kimono: Fashioning Culture* (London, 2001), p. 58.
23   V. Steele, *Japan Fashion Now* (New Haven, 2010), p. 10.
24   위의 책, pp. 13-14.
25   Ross, Clothing, p. 111.
26   D. Tamagni, Gentlemen of Bacongo (London, 2007).

3 슈트, 유행의 첨단

1   G. Walden 번역, 'Jules Barbey d'Aurevilly, "On Dandyism and George Brummell"', in *Who's a Dandy?* (London, 2002), p. 79.
2   M. Carter, *Fashion Classics: From Carlyle to Barthes* (Oxford, 2003), p. 11.
3   H. de Balzac, *Treatise on Elegant Living* (Cambridge, ma, 2010), pp. 25, 58 and 70.

4 C. Baudelaire, 'The Dandy', from *The Painter of Modern Life*, in *The Rise of Fashion: A Reader*, ed. D. Purdy (Minneapolis, mn, 2004), pp. 194-5.

5 E. Moers, *The Dandy* (New York, 1960); R. Garelick, *Rising Star: Dandyism, Gender and Performance in the Fin de Siecle* (Princeton, nj, 1998); and S. Fillin-Yeh, ed., *Dandies: Fashion and Finesse in Art and Culture* (New York, 2001) 참조.

6 M. Duberman, M. Vicinus and G. Chauncey, eds, *Hidden from History: Reclaiming the Gay and Lesbian Past* (London, 1989); R. Norton, *Mother Clapp's Molly House: The Gay Subculture in England, 1700-1830* (London, 1992); and R. Aldrich, *Gay Life and Culture: A World History* (London, 2006) 참조.

7 R. Davenport-Hines, *Sex, Death and Punishment: Attitudes to Sex and Sexuality in Britain Since the Renaissance* (London, 1990), p. 86; and R. Trumbach, 'The Birth of the Queen: Sodomy and the Emergence of Gender Equality in Modern Culture, 1660-1750', in *Hidden from History*, ed. Duberman, Vicinus and Chauncey, p. 135.

8 Trumbach, 'The Birth of the Queen', p. 133에서 인용.

9 T. Smollett, *The Adventures of Roderick Random* (London, 1895), p. 239.

10 M. Ogborn, *Spaces of Modernity: London's Geographies, 1680-1780* (New York, 1998), p. 134. See also P. McNeil, 'Macaroni Masculinities', *Fashion Theory*, iv/4 (November 2000), pp. 373-403.

11 Ogborn, *Spaces of Modernity*, pp. 137-8에서 인용.

12 H. Cole, *Beau Brummell* (Newton Abbot, 1978); I. Kelly, *Beau Brummell: The Ultimate Dandy* (London, 2005).

13 W. Jesse, The Life of George Beau Brummell Esq. (London, 1886), p. 63.

14 위의 책, pp. 62-3.

15 R. Gronow, *Reminiscences of Captain Gronow* (London, 1862), p. 62.

16 R. Ellmann, *Oscar Wilde* (London, 1987); J. Sloan, Oscar Wilde (Oxford, 2003).

17 B. Burman, 'Better and Brighter Clothes: The Men's Dress Reform Party, 1929-1940', *Journal of Design History*, viii/4 (1995), pp. 275-90.

18 E. Cohen, *Talk on the Wilde Side* (London, 1993); A. Sinfield, *The Wilde Century* (London, 1994).

19 M. Boscagli, *Eye on the Flesh: Fashions of Masculinity in the Early Twentieth Century* (Oxford, 1996), pp. 33-4.

20 L. Ugolini, *Men and Menswear: Sartorial Consumption in Britai, 1880-1939* (Aldershot, 2007), pp. 253-5.

21 Garelick, *Rising Star*.

22 S. Cosgrove, 'The Zoot Suit and Style Warfare', *History Workshop Journal*, xviii (1984), pp. 77-91; K. Peiss, *Zoot Suit: The Enigmatic Career of an Extreme Style* (Philadelphia, pa, 2011).

23 H. Alford, 'The Zoot Suit: Its History and Influence', in *The Men's Fashion Reader*, ed. P. McNeil and V. Karaminas (Oxford, 2009), p. 354.

24 R. H. Turner and S. J. Surace, 'Zoot-suiters and Mexicans: Symbols in Crowd Behavior', in *The Subcultures Reader*, ed. K. Gelder and S. Thornton (London, 1997), p. 382.

25 C. Tulloch, 'My Man, Let Me Pull your Coat to Something: Malcolm X', in *Fashion Cultures: Theories, Explanations and Analysis*, ed. S. Bruzzi and P. Church Gibson (London, 2000), p. 304에서 인용.

26 C. Breward, *Fashioning London: Clothing and the Modern Metropolis* (Oxford, 2004), p. 126.

27 H. D. Willcock, *Mass Observation Report on Juvenile Delinquency* (London, 1949), p. 41.

28 D. Bartlett, 'Socialist Dandies International: East Europe, 1946-59', *Fashion Theory*, xvii/3 (June 2013), p. 250.

29 P. Colaiacomo, *Factious Elegance: Pasolini and Male Fashion* (Venice, 2007).

30 F. Chenoune, *A History of Men's Fashion* (Paris, 1993).

31 G. Celant, 'Towards the Mass Dandy', in *Giorgio Armani* (New York, 2003), p. xviii.

32 Colaiacomo, *Factious Elegance*, p. 56.

33 P. Pasolini, 'The Divine Mimesis, Canto ii, 1963. 24', quoted ibid., p. 58.

34 V. Steele, 'The Italian Look', in *Volare: The Icon of Italy in Global Pop Culture*, ed. Giannino Malossi (New York, 1999), p. 91.

35 Colaiacomo, Factious Elegance, pp. 105-7.

36 Celant, 'Towards the Mass Dandy', p. xvii.

37 위의 책, p. xv.

38 C. Breward, 'Camp and the International Language of 1970s Fashion', in *Walter Albini and his Times: All Power to the Imagination*, ed. M. L. Frisa and S. Tonchi (Venice, 2010), p. 16.

39 S. Segre Reinach, 'Milan: The City of Pret a Porter in a World of Fast Fashion', in *Fashion's World Cities*, ed. C. Breward and D. Gilbert (Oxford, 2006), p. 123-5.

40 R. Buckley and S. Gundle, 'Flash Trash: Gianni Versace and the Theory and Practice of Glamour', in *Fashion Cultures*, pp. 331-48.

41 K. Nelson, 'Playboy', in *Gucci: The Making Of* (New York, 2011), pp. 208 and 280.

42 J. Wilkes, 'Tom Ford', in *Gucci*, p. 54.

43 L. Taylor, 'Wool Cloth and Gender: The Use of Woollen Cloth in Women's Dress in Britain, 1865-1885', in *Defining Dress: Dress as Object, Meaning and Identity*, ed. A. de la Haye and E. Wilson (Manchester, 1999), p. 33.

44 P. A. Cunningham, *Reforming Women's Fashion, 1850-1920* (Kent, oh, 2003).

45 M. Garber, *Vested Interests: Cross-dressing and Cultural Anxiety* (London, 1992); V. and B. Bulloch, *Cross Dressing, Sex and Gender* (Philadelphia, pa, 1993).

46 K. Rolley, 'Love, Desire and the Pursuit of the Whole: Dress and the Lesbian Couple', in *Chic Thrills: A Fashion Reader*, ed. J. Ash and E. Wilson (London, 1992), p. 34.

47 V. de Frece, *Recollections of Vesta Tilley* (London, 1934), p. 125.

48 E. Showalter, *Sexual Anarchy: Gender and Culture at the Fin-de-siecle* (London, 1992).

49 S. Gundle, *Glamour: A History* (Oxford, 2008), p. 325.

4 슈트를 바라보는 시선

1 H. C. Andersen, *The Emperor's New Clothes* (London, 1995), p. 1.

2 J. Wullschlager, *Hans Christian Andersen: The Life of a Storyteller* (London, 2001), p. 170.

3 Andersen, *The Emperor's New Clothes*, p. 7.

4 A. Loos, 'The Principle of Dressing', in M. Wigley, *White Walls, Designer Dresses: The Fashion of Modern Architecture* (Cambridge, ma, 2001), p. 13.

5 Wigley, *White Walls*, p. 12.

6 Le Corbusier, 'Towards a New Architecture', in Wigley, *White Walls*, p. 16.

7 Le Corbusier, *The Decorative Art of Today*, James Dunnett 번역 (London, 1987), p. xxiii.

8 위의 책, p. 7.

9 위의 책, p. 8.

10 위의 책, p. 87.

11 Wigley, *White Walls*, pp. 90-91.

12 B. Colomina, 'The Split Wall: Domestic Voyeurism', in *Sexuality and Space*, ed. B. Colomina (New York, 1992), pp. 73-130.

13 R. Stern, *Against Fashion: Clothing as Art, 1850–1930* (Cambridge, ma, 2004), pp. 31-2.

14 위의 책에서 인용, pp. 157-8.

15 위의 책에서 인용, p. 167.

16 F. Chenoune, *A History of Men's Fashion* (Paris, 1993), p. 170.

17 H. Brevik-Zender, 'Writing Fashion from Balzac to Mallarme', in *Impressionism, Fashion and Modernity*, ed. G. Groom (New Haven, ct, 2012), p. 54.

18 P. Thiebaut, 'An Ideal of Virile Urbanity', in *Impressionism, Fashion and Modernity*, ed. Groom, p. 142에서 인용.

19   R. Violette and H. U. Obrist, eds, *The Words of Gilbert and George* (London, 1997), pp. 260-61.

20   M. L. Miller, *Slaves to Fashion: Black Dandyism and the Styling of Black Diasporic Identity* (Durham, nc, and London, 2009), p. 221.

21   위의 책에서 인용, p. 219.

22   G. Adamson and J. Pavitt, *Postmodernism: Style and Subversion, 1970-1990* (London, 2011), p. 94.

23   U. Lehmann, 'Language of the PurSuit: Cary Grant's Clothes in Alfred Hitchcock's North by Northwest', *Fashion Theory*, iv/4 (December 2000), pp. 467-85.

24   J. Faiers, *Dressing Dangerously: Dysfunctional Fashion in Film* (New Haven, ct, and London, 2013), p. 227.

25   Ibid., pp. 189-90.

26   C. McDowell, *Forties Fashion and the New Look* (London, 1997); see also C. Breward, *Fashion* (Oxford, 2003), pp. 174-7.

27   A. Spicer, 'Sean Connery: Loosening his Bonds', in *British Stars and Stardom: From Alma Taylor to Sean Connery*, ed. B. Babington (Manchester, 2001), pp. 220-21.

28   C. Woodhead, ed., *Dressed to Kill: James Bond, The Suited Hero* (Paris and New York, 1996).

29   www.thesuitsofjamesbond.com 참조, January 2015 접속.

30   Susannah Frankel, *AnOther Man* (Autumn/Winter 2006), p. 143.

31   정보가 가장 풍부하게 제공된, 패션 역사의 이러한 전환에 대한 논의에 대해서는 C. Evans, *Fashion at the Edge: Spectacle, Modernity and Deathliness* (New Haven, ct, and London, 2003)를 참조하라.

맺는말: 슈트의 미래

1   A. O'Hagan, 'Short Cuts', *London Review of Books*, 3 July 2014, p. 23.

2   S. Nixon, *Hard Looks: Masculinities, Spectatorship and Contemporary Consumption* (London, 1996); T. Edwards, *Men in the Mirror: Men's Fashion, Masculinity and Consumer Society* (London, 1997).

3   J. Teiunisson, 'Why is Menswear in Fashion?', in *The New Man*, ed. J. Brand et al. (Arnhem, 2010), pp. 7-27.

4   Quoted in H. Davies, *Modern Menswear* (London, 2008), p. 11.

5   R. Bennett-England, *Dress Optional: A Revolution in Menswear* (London, 1967).

6   B. Quinn, *Techno Fashion* (Oxford, 2002).

Abler, T. S., *Hinterland Warriors and Military Dress: European Empires and Exotic Uniforms* (Oxford, 1999)

Adamson, G., and J. Pavitt, *Postmodernism: Style and Subversion, 1970-1990* (London, 2011)

Aldrich, R., *Gay Life and Culture: A World History* (London, 2006)

Alford, H., 'The Zoot Suit: Its History and Influence', in *The Men's Fashion Reader*, ed. P. McNeil and V. Karaminas (Oxford, 2009)

Amies, H., *Just So Far* (London, 1954)

—, *The Englishman's Suit* (London, 1994)

Andersen, H. C., *The Emperor's New Clothes* (London, 1995)

Armfeldt, E., 'Oriental London', in *Living London*, ed. G. Sims, vol. i (London, 1906)

Balzac, H. de, *Treatise on Elegant Living* (Cambridge, ma, 2010)

Bartlett, D., 'Socialist Dandies International: East Europe, 1946-59', *Fashion Theory*, xvii/3 (June 2013), pp. 249-89

Baudelaire, C., 'The Dandy', from *The Painter of Modern Life*, in *The Rise of Fashion: A Reader*, ed. D. Purdy (Minneapolis, mn, 2004)

Boscagli, M., *Eye on the Flesh: Fashions of Masculinity in the Early Twentieth Century* (Oxford, 1996)

Boyer, G. Bruce, *Elegance: A Guide to Quality in Menswear* (New York, 1985)

Bradley, H. Dennis, *Vogue: A Clothing Catalogue for Pope and Bradley* (London, 1912)

Brevik-Zender, H., 'Writing Fashion from Balzac to Mallarme', in *Impressionism, Fashion and Modernity*, ed. G. Groom (New Haven, ct, 2012)

Breward, C., 'On the Bank's Threshold: Administrative Revolutions and the Fashioning of Masculine Identities', *Parallax*, v (1997), pp. 109-23

—, *The Hidden Consumer: Masculinities, Fashion and City Life, 1860-1914* (Manchester, 1999)

—, 'Manliness, Modernity and the Shaping of Male Clothing', in *Body Dressing*, ed. J. Entwistle and E. Wilson (Oxford, 2001)

—, *Fashion* (Oxford, 2003)

—, *Fashioning London: Clothing and the Modern Metropolis* (Oxford, 2004)

—, 'Camp and the International Language of 1970s Fashion', in *Walter Albini and his Times: All Power to the Imagination*, ed. M. L. Frisa and S. Tonchi (Venice, 2010)

Buckley, R., and S. Gundle, 'Flash Trash: Gianni Versace and the Theory and Practice of Glamour', in *Fashion Cultures*, ed. S. Bruzzi and P. Church Gibson (London, 2000)

Bulloch, V. and B., *Cross Dressing, Sex and Gender* (Philadelphia, pa, 1993)

Burman, B., 'Better and Brighter Clothes: The Men's Dress Reform Party, 1929-1940', *Journal of Design History*, viii/4 (1995), pp. 275-90

Callaway, H., 'Dressing for Dinner in the Bush: Rituals of Self-definition and British Imperial Authority', in *Dress and Gender: Making and Meaning*, ed. R. Barnes and J. B. Eicher (Oxford, 1992)

Carter, M., *Fashion Classics: From Carlyle to Barthes* (Oxford, 2003)

Carver, T., *The Postmodern Marx* (Manchester, 1998)

Celant, G., 'Towards the Mass Dandy', in *Giorgio Armani* (New York, 2003)

Chenoune, F., *A History of Men's Fashion* (Paris, 1993)

Cohen, E., *Talk on the Wilde Side* (London, 1993)

Colaiacomo, P., *Factious Elegance: Pasolini and Male Fashion* (Venice, 2007)

Cole, H., *Beau Brummell* (Newton Abbot, 1978)

Collier Frick, C., *Dressing Renaissance Florence: Families, Fortunes and Fine Clothing* (Baltimore, md, 2002)

Colomina, B., ed., *Sexuality and Space* (New York, 1992)

Compaing, C., and L. Devere, *The Tailor's Guide* (London, 1855)

Cosgrove, S., 'The Zoot Suit and Style Warfare', *History Workshop Journal*, xviii (1984), pp. 77-91

Cunningham, P. A., *Reforming Women's Fashion, 1850-1920* (Kent, oh, 2003)

—, 'Dressing for Success: The Re-suiting of Corporate America in the 1970s', in *Twentieth-century American Fashion*, ed. L. Welters and P. A. Cunningham (Oxford, 2005)

Currie, E., 'Diversity and Design in the Florentine Tailoring Trade, 1550-1620', in *The Material Renaissance*, ed. M. O'Malley and E. Welch (Manchester, 2007)

Dalby, L., *Kimono: Fashioning Culture* (London, 2001)

Davenport-Hines, R., *Sex, Death and Punishment: Attitudes to Sex and Sexuality in Britain Since the Renaissance* (London, 1990)

Duberman, M., M. Vicinus and G. Chauncey, eds, *Hidden from History: Reclaiming the Gay and Lesbian Past* (London, 1989)

Ellmann, R., *Oscar Wilde* (London, 1987)

Evans, C., 'Fashion Stranger than Fiction: Shelley Fox', in *The Englishness of English Dress*, ed. C. Breward, B. Conekin and C. Cox (Oxford, 2002)

—, *Fashion at the Edge: Spectacle, Modernity and Deathliness* (New Haven, ct, and London, 2003)

Faiers, J., *Dressing Dangerously: Dysfunctional Fashion in Film* (New Haven, ct, and

London, 2013)

Fillin-Yeh, S., ed., *Dandies: Fashion and Finesse in Art and Culture* (New York, 2001)

Flugel, J. C., *The Psychology of Clothes* (London, 1930)

Frece, V. de, *Recollections of Vesta Tilley* (London, 1934)

Garber, M., *Vested Interests: Cross-dressing and Cultural Anxiety* (London, 1992)

Garelick, R. K., *Rising Star: Dandyism, Gender and Performance in the Fin de Siecle* (Princeton, nj, 1998)

Giles, E., *History of the Art of Cutting in England* (London, 1887)

Greenwood, J., *Odd People in Odd Places; or, The Great Residuum* (London, 1883)

Gronow, R., *Reminiscences of Captain Gronow* (London, 1862)

Gundle, S., *Glamour: A History* (Oxford, 2008)

Hall, S., 'Culture, Community, Nation', in *Representing the Nation: A Reader*, ed. D. Boswell and J. Evans (London, 1999)

Hart, A., and S. North, *Seventeenth–and Eighteenth-century Fashion in Detail* (London, 2009)

Harvey, J., *Men in Black* (London, 1995)

Hearn, K., ed., *Van Dyck and Britain* (London, 2009)

Hollander, A., *Sex and Suits: The Evolution of Modern Dress* (New York, 1995)

Jesse, W., *The Life of George Beau Brummell* Esq. (London, 1886)

Kelly, I., *Beau Brummell: The Ultimate Dandy* (London, 2005)

Kuchta, D., *The Three Piece Suit and Modern Masculinity: England, 1550–1850* (Berkeley, ca, 2002)

Kynaston, D., *The City of London*, vol. iv: *A Club No More, 1945–2000* (London, 2001)

Laugier, M. A., *Essai sur l'architecture* (Paris, 1753)

Le Corbusier, *The Decorative Art of Today*, James Dunnett 번역 (London, 1987)

Lehmann, U., 'Language of the PurSuit: Cary Grant's Clothes in Alfred Hitchcock's North by Northwest', *Fashion Theory*, iv/4 (December 2000), pp. 467-85

Loos, A., 'Praise for the Present', in *Adolf Loos: Why a Man Should be Well Dressed*, M. E. Troy 번역(Vienna, 2011)

McDowell, C., *Forties Fashion and the New Look* (London, 1997)

MacKenzie, J., ed., *Imperialism and Popular Culture* (Manchester, 1986)

McNeil, P., 'Macaroni Masculinities', *Fashion Theory*, iv/4 (November 2000), pp. 373-403

—, and V. Karaminas, eds, *The Men's Fashion Reader* (Oxford, 2009)

Maglio, D., 'Luxuriant Crowns: Victorian Men's Smoking Caps, 1850-1890', *Dress: The Journal of the Costume Society of America*, xxvii (2000), pp. 9-17

Miller, M. L., *Slaves to Fashion: Black Dandyism and the Styling of Black Diasporic*

Identity (Durham, nc, and London, 2009)

Moers, E., *The Dandy* (New York, 1960)

Mort, F., *Cultures of Consumption: Masculinities and Social Space in Late Twentieth Century Britain* (London, 1996)

Nelson, K., 'Playboy', in *Gucci: The Making Of* (New York, 2011)

Norton, R., *Mother Clapp's Molly House: The Gay Subculture in England, 1700-1830* (London, 1992)

Ogborn, M., *Spaces of Modernity: London's Geographies, 1680-1780* (New York, 1998)

Ostick, E., *Textiles for Tailors* (London, c. 1950)

Owen, N., and A. Cannon Jones, 'A Comparative Study of the British and Italian Textile and Clothing Industries', *DTI Economics Paper*, ii (2003)

Paoletti, J. B., 'Ridicule and Role Models as Factors in American Men's Fashion Change, 1880-1910', *Costume*, xxxix (1985), pp. 121-34

Pearson, S., *Week Day Living: A Book for Young Men and Women* (London, 1882)

Peiss, K., *Zoot Suit: The Enigmatic Career of an Extreme Style* (Philadelphia, pa, 2011)

Roche, D., *The Culture of Clothing: Dress and Fashion in the Ancien Regime* (Cambridge, 1994)

Rolley, K., 'Love, Desire and the Pursuit of the Whole: Dress and the Lesbian Couple', in *Chic Thrills: A Fashion Reader*, ed. J. Ash and E. Wilson (London, 1992)

Ross, R., *Clothing: A Global History* (Cambridge, 2008)

Rublack, U., *Dressing Up: Cultural Identity in Renaissance Europe* (Oxford, 2010)

Segre Reinach, S., 'Milan: The City of Pret a Porter in a World of Fast Fashion', in *Fashion's World Cities*, ed. C. Breward and D. Gilbert (Oxford, 2006)

Settle, A., *English Fashion* (London, 1948)

Showalter, E., *Sexual Anarchy: Gender and Culture at the Fin-de-siecle* (London, 1992)

Sinfield, A., *The Wilde Century* (London, 1994)

Slade, T., *Japanese Fashion: A Cultural History* (Oxford, 2009)

Sloan, J., *Oscar Wilde* (Oxford, 2003)

Smollett, T., *The Adventures of Roderick Random* (London, 1895)

Spicer, A., 'Sean Connery: Loosening his Bonds', in *British Stars and Stardom: From Alma Taylor to Sean Connery*, ed. B. Babington (Manchester, 2001)

Stallybrass, P., 'Marx's Coat', in *Border Fetishisms: Material Objects in Unstable Spaces*, ed. P. Spyer (New York, 1998)

Steele, V., 'The Italian Look', in *Volare: The Icon of Italy in Global Pop Culture*, ed. Giannino Malossi (New York, 1999)

—, *Japan Fashion Now* (New Haven, ct, 2010)

Stern, R., *Against Fashion: Clothing as Art, 1850-1930* (Cambridge, ma, 2004)

Styles, J., *The Dress of the People: Everyday Fashion in Eighteenth-century England* (New

Haven, ct, 2012)

Tamagni, D., *Gentlemen of Bacongo* (London, 2007)

Taylor, L., 'Wool Cloth and Gender: The Use of Woollen Cloth in Women's Dress in Britain, 1865-1885', in *Defining Dress: Dress as Object, Meaning and Identity*, ed. A. de la Haye and E. Wilson (Manchester, 1999)

Thiebaut, P., 'An Ideal of Virile Urbanity', in *Impressionism, Fashion and Modernity*, ed. G. Groom (New Haven, ct, 2012)

Trumbach, R., 'The Birth of the Queen: Sodomy and the Emergence of Gender Equality in Modern Culture 1660-1750', in *Hidden from History: Reclaiming the Gay and Lesbian Past*, ed. M. Duberman, M. Vicinus and G. Chauncey (London, 1989)

Tulloch, C., 'My Man, Let Me Pull your Coat to Something: Malcolm X', in *Fashion Cultures: Theories, Explanations and Analysis*, ed. S. Bruzzi and P. Church Gibson (London, 2000)

Turner, R. H., and S. J. Surace, 'Zoot-suiters and Mexicans: Symbols in Crowd Behavior', in *The Subcultures Reader*, ed. K. Gelder and S. Thornton (London, 1997)

Tynan, J., 'Military Dress and Men's Outdoor Leisurewear: Burberry's Trench Coat in First World War Britain', *Journal of Design History*, xxiv/2 (2011), pp. 139-56

Ugolini, L., *Men and Menswear: Sartorial Consumption in Britain, 1880–1939* (Aldershot, 2007)

Vincent, S., *Dressing the Elite: Clothes in Early Modern England* (Oxford, 2003)

Violette, R., and H. Ulrich Obrist, eds, *The Words of Gilbert and George* (London, 1997)

Walden, G.번역, 'Jules Barbey d'Aurevilly, "On Dandyism and George Brummell"', in *Who's a Dandy?* (London, 2002)

Wigley, M., White Walls, *Designer Dresses: The Fashion of Modern Architecture* (Cambridge, ma, 2001)

Willcock, H. D., *Mass Observation Report on Juvenile Delinquency* (London, 1949)

Wilson, V., 'Dressing for Leadership in China', in *Material Strategies: Dress and Gender in Historical Perspective*, ed. B. Burman and C. Turbin (Oxford, 2003)

Woodhead, C., ed., *Dressed to Kill: James Bond, The Suited Hero* (Paris and New York, 1996)

Wu, J. J., *Chinese Fashion: From Mao to Now* (Oxford, 2009)

Wullschlager, J., *Hans Christian Andersen: The Life of a Storyteller* (London, 2001)

York, P., *Style Wars* (London, 1980)

Zakim, M., *Ready-made Democracy: A History of Men's Dress in the American Republic, 1760-1860* (Chicago, il, 2003)

사진 및 그림 출처

Image courtesy of The Advertising Archives: p. 93
Anderson & Sheppard: pp. 17, 21, 33
©The British Library Board: pp. 169, 228
Corbis: p. 151(©Hector Mediaville/pt/Splash/SplashNews)
Marisa Curti Archive/Walter Albini: p. 207
Getty Images: pp. 89(Reg Innell/Toronto Star via Getty Images),
    235(Keystone-France/Gamma-Keystone via Getty Images)
Houghton Library, Harvard University: p. 246(ic9.m3387.b922f)
Harvard Art Museums/Arthur M. Sackler Museum, Bequest of William
    S. Lieberman, 2007.214.102.2, Imaging Department ©President and
    Fellows of Harvard College: p. 145
©Imperial War Museums: pp. 81(q 90901), 82(Art.iwm pst 5072), 83(Art.
    iwm pst 12902)
courtesy of Richard James: p. 278(photo: Vivian Constantinopoulos)
Library of Congress, Washington, dc: p. 71
Metropolitan Museum of Art, New York, www.metmuseum.org: pp.
    60(Bequest of William K. Vanderbilt, 1920), 70(Gift of Miss Jeanne
    Devereaux, 1951), 112(Amelia B. Lazarus Fund, 1923), 166(Purchase,
    Friends of the Costume Institute Gifts), 253(The Walter H. and
    Leonore Annenberg Collection, Bequest of Walter H. Annenberg,
    2002)
Museum of Applied Arts and Sciences, Sydney. Photo: Sue Strafford: pp.
    133, 138
©2015 Museum Associates/lacma. Licensed by Art Resource, ny: p. 49
photograph ©2016 Museum of Fine Arts, Boston: p. 26(The Elizabeth Day
    McCormick Collection)
National Australian Archives, Vienna: p. 14
©The Helmut Newton Estate/Maconochie Photography: p. 224
The New York Public Library, Astor, Lenox and Tilden Foundations: pp.
    45(Picture Collection), 84(Art & Architecture Collection, Miriam and
    Ira D. Wallach Division of Art, Prints and Photographs), 85(Science,
    Industry & Business Library), 243(Picture Collection)
Photofest: pp. 102(©Paramount Pictures), 127(rko), 130, 136, 140,

185(©20th Century Fox), 194(Brandon Films), 203, 262(Cinecom), 263(mgm), 267(Ealing Studios/J.Arthur Rank.Org), 268, 270(©mgm/ Columbia Pictures/Francois Duhamel)

rex Shutterstock: pp. 46(Roger-Viollet), 47, 94(Paul Flevez/anl), 108(anl), 148(Sipa), 156(David Crump/anl), 183(anl), 198(Sipa Press), 200-201(anl), 211(Olycom spa), 215(Ken Towner), 216(Nils Jorgensen), 254, 273(Olycom spa), 280, 281(Chris Ratcliffe), 282(David Hartley), 283, 286(spg)

Rijksmuseum, Amsterdam: p. 27

Science & Society Picture Library: pp. 76(PastPix), 86(Walter Numberg Archive), 191(Manchester Daily Express)

courtesy of the artist(Ike Ude) and Leila Heller Gallery, New York: p. 258

The University of Edinburgh Fine Art Collection, Edinburgh: p. 39

©Victoria & Albert Museum, London: pp. 10, 24, 68, 113, 123, 124, 164, 223

courtesy of the Lewis Walpole Library, Yale University: pp. 160, 165, 175, 242

©Woolmark Archive(Australian Wool Innovation Ltd) and the London College of Fashion: pp. 42, 43, 109, 147, 187, 218

찾아보기